NGO로 배우는
더불어 살기

세계로 한발짝

NGO로 배우는 더불어 살기

초판 1쇄 발행 2025년 2월 28일

지은이 박동석
그린이 김진미

펴낸이 권은수 **펴낸곳** 도서출판 봄볕
만듦 박찬석, 장하린 **꾸밈** 채담 **가꿈** 성진숙 **알림** 강신현, 김아람 **살림** 권은수
함께 만든 곳 피오디 북, 가람페이퍼

등록 2015년 4월 23일 제25100-2015-000031호
주소 서울특별시 서대문구 서소문로 37 1406호(합동, 충정로대우디오빌)
전화 02-6375-1849 **팩스** 02-6499-1849
전자우편 springsunshine@naver.com **블로그** http://blog.naver.com/springsunshine
스마트스토어 https://smartstore.naver.com/shinybook
인스타그램 @springsunshine0423
ISBN 979-11-93150-56-6 73330

NGO로 배우는
더불어 살기

박동석 지음 | 김진미 그림

봄봄

공공의 이익을 위해 일하는 사람들

2019년 11월에 처음 발생한 '코로나19' 때문에 세계는 엄청난 고통을 겪었어. 우리를 더욱 힘들게 했던 것은 이 코로나 바이러스가 단시간에 소멸되지 않았다는 사실이야. 어떤 사람은 지구의 역사를 코로나19 이전과 이후로 나누기도 해. 그만큼 코로나19는 우리 인류에게 가장 큰 재앙으로 기록되고 있어.

코로나19 이전에도 인류는 많은 어려움을 겪었어. 수많은 전쟁과 테러 행위, 전염병, 온갖 재해 따위가 인간에게 매우 큰 고통을 안겨 주었지. 그런데 인간은 이런 여러 악조건 속에서도 고도의 문명사회를 이룩하며 살아왔어.

누구는 악한 사람보다는 선한 사람이 더 많기 때문에 인류가 열악한 환경 속에서도 지금까지 살아남을 수 있었다고 이야기해. 선한 사람의 헌신적인 희생과 인류를 향한 사랑 덕분에 오늘날 우리가 존재할 수 있었다는 뜻이야.

남을 위해 희생하고 봉사하는 사람들은 전 세계에 헤아릴 수 없이 많아. 아무도 모르게 행동하는 사람들도 있고, 개인적으로 활동하거나 큰 목적을 세워 단체를 만들어 활동하는 사람들도 있지.

　이처럼 단체를 만들어 희생과 봉사 정신으로 활동하는 사람들을 '엔지오(NGO) 활동가'라고 해. 영어 'NGO(Non-Governmental Organization)'는 우리말로 번역하면 '비정부 기구'라는 뜻이야. 글자 그대로 정부 기구가 아닌 민간에서 만든 단체야.

　엔지오는 공공의 이익이라는 큰 목적을 두고 설립되었어. 엔지오는 정부 기구에서 할 수 없었던 많은 일을 투철한 봉사 정신으로 수행해. 때로는 정부 기구가 제대로 일하게끔 감시하는 역할도 하지.

　엔지오 단체는 전 세계에 아주 많아. 자기 나라 안에서만 활동하는 단체도 있고, 전 세계를 대상으로 활동하는 단체도 있지. 엔지오의 활동은 인간의 삶과 관계되는 곳 어디에나 존재해. 특히 코로나19 같은 전 지구적인 재앙이 발생하면 엔지오 단체의 활동은 더욱 빛이 나.

　이 책은 세계적으로 가치를 인정받고 있는 국제 엔지오의 이야기를 담고 있어. 삶의 목표나 가치관을 세우고 있는 중인 여러분에게 좋은 지침서가 될 거야. 인류의 한 구성원으로서 내가 어떤 삶을 살아야 하는지, 또 어떤 역할을 해야 하는지, 엔지오 이야기를 통해 배울 수도 있을 거야.

　이 책이 여러분의 삶에 선한 영향을 주면 참 좋겠어.

2025년, 박동석

차례

제1장

엔지오(NGO)가 뭐예요?

선생님, 엔지오(NGO)가 뭐예요?

 엔지오(NGO)는 영어 'Non-Governmental Organization'의 약자로, 우리말로는 '비정부 기구'라고 하지. 엔지오는 쉽게 말해 공공의 이익을 목적으로 설립된 민간단체야. 우리말 비정부 기구 라는 이름에서 드러나듯이 정부의 간섭을 받지 않고 활동하는 단체라고 할 수 있지.

 선생님, 엔피오(NPO)는 엔지오와 다른 건가요?

 엔피오(NPO)는 영어 'Non-Profit Organization'의 약자로, 우리말로는 '비영리 기구' 또는 '비영리 단체'라고 해. 엔지오와 엔피오는 비슷한 뜻으로 사용하지만, 엔피오가 좀 더 넓은 영역을 포함하는 말이라고 볼 수 있어. 여러분은 굳이 두 용어를 구분해서 알 필요까지는 없고, 지금까지 많이 들어 본 엔지오에 관해서 잘 알아 두면 좋을 것 같아.

 그럼 엔지오는 어떤 일을 하나요?

 엔지오는 인권, 환경, 경제, 교육, 정치 등 다양한 분야에서 활동하고 있어. 엔지오의 가장 중요한 역할은 정부가 소홀히 하는 분야에서 공공의 이익을 추구하는 거야. 특히 엔지오는 정부의 정책을 감시하고 촉구하는 일도 하지. 현재 엔지오 단체는 전 세계에 수백만 개가 있어. 갈수록 영향력이 커지고 있어서 입법, 행정, 사법, 언론에 이어 '제5권력'이라고 일컫기도 해. 또 정부와 기업에 맞서는 '제3의 영역'이라고도 한단다.

 엔지오는 언제, 어떻게 만들어졌나요?

 최초의 엔지오는 스위스의 청년 사업가 앙리 뒤낭이 만든 '국제적십자위원회'라고 알려져 있어. 1859년 솔페리노 전투(이탈리아의 통일을 놓고 사르데냐-프랑스 연합군과 오스트리아군이 벌인 전투)의 참상을 목격한 뒤낭은 전쟁터에서 죽어 가는 병사들을 도와줄 단체를 만들었는데, 그 단체가 바로 1863년에 설립된 국제적십자위원회야. 그 뒤로 많은 단체가 동참하면서 국제 적십자 운동이 본격적으로 시작되었어.

엔지오 단체는 제1, 2차 세계 대전 때 많이 만들어졌어. 전쟁 때문에 국가가 제대로 기능할 수 없는 상황에서 가난과 병에 시달리는 사람들을 구제하기 위해서는 민간단체의 활동이 필수적이었기 때문이지.

 그럼 엔지오라는 용어는 언제부터 사용되었나요?

 엔지오라는 용어는 1945년에 유엔이 창설되면서 사용하게 됐어. 국제적십자위원회가 창설된 이후 엔지오 역할을 하는 단체가 많이 설립됐지만, 1945년 이전까지만 해도 그 단체들을 엔지오라고 부르지는 않았지. 세계 평화와 안전을 유지하기 위해 창설된 유엔은 자신들의 활동을 지원해 줄 민간단체가 필요했는데, 이들 민간단체를 정부 기구와 구분하려고 엔지오라는 명칭을 사용했어. 그러니까 엔지오라는 명칭을 처음 지어 준 기관은 유엔이야.

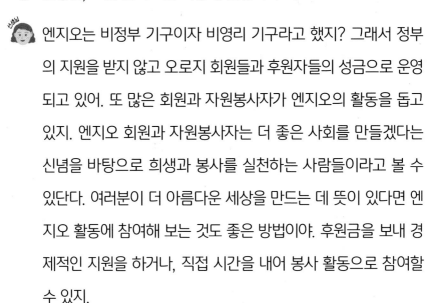 선생님, 그럼 엔지오는 어떻게 운영되나요?

엔지오는 비정부 기구이자 비영리 기구라고 했지? 그래서 정부의 지원을 받지 않고 오로지 회원들과 후원자들의 성금으로 운영되고 있어. 또 많은 회원과 자원봉사자가 엔지오의 활동을 돕고 있지. 엔지오 회원과 자원봉사자는 더 좋은 사회를 만들겠다는 신념을 바탕으로 희생과 봉사를 실천하는 사람들이라고 볼 수 있단다. 여러분이 더 아름다운 세상을 만드는 데 뜻이 있다면 엔지오 활동에 참여해 보는 것도 좋은 방법이야. 후원금을 보내 경제적인 지원을 하거나, 직접 시간을 내어 봉사 활동으로 참여할 수 있지.

자, 그럼 어떤 엔지오들이 있는지 자세히 알아볼까?

국제기구와 비정부 기구

국제기구 : 어떤 국제적인 목적이나 활동을 위해서 두 나라 이상의 회원국으로 구성된 조직체(넓은 의미에서 엔지오도 국제기구에 포함되지만, 아래와 같이 구분할 수 있다.)

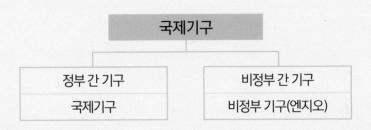

구분	국제기구	비정부 기구(엔지오)
명칭	국제기관, 국제 조직, 국제단체, 정부 간 기구	비영리 기구, 비영리 단체, 비정부 간 기구
활동 주체	국가(정부)	민간단체
목적	세계 평화와 안전	공공의 이익 (인류 행복과 공동 번영)
역할	갈등이나 분쟁 조정과 문제 해결	여러 가지 피해 구제, 정부의 힘이 미치지 않는 곳에서 정부 역할, 정부 비판
정부와의 관계	정부 간섭 받음	정부 간섭 없음
운영비	국가(정부) 부담	개인 후원금
대표 기구	유엔, 세계 보건 기구, 경제 협력 개발 기구, 유네스코, 세계 무역 기구, 국제 노동 기구, 유니세프, 유럽 연합 등	국제적십자사·적신월사 연맹, 세이브더칠드런, 그린피스, 세계자연기금, 국제앰네스티, 국경없는의사회 등

제2장
- - - - - - - - - - - - - - - -

나눔, 봉사,
각종 구호를 위한
엔지오

전쟁의 참상 속에서 피어난 꽃,
국제적십자사·적신월사 연맹

❶ 설립 연도 : 1919년
❷ 본부 : 스위스 제네바
❸ 주요 활동 : 각국 적십자사의 활동 지원, 각종 재해 이재민 구호
❹ 특징 : 세계 최대의 엔지오 단체

엔지오 단체를 맨 처음 만든 앙리 뒤낭

　1828년 5월 8일, 스위스 제네바에서 한 아이가 태어났어. 그 아이 이름은 앙리 뒤낭이야. 한 번쯤 들어 본 이름일 수도 있을 텐데, 앙리 뒤낭은 엔지오 단체를 처음 만든 사람이지. 뒤낭이 어떤 인물이고, 어떤 이유에서 엔지오 단체를 만들게 됐는지 알아볼까?

　뒤낭의 부모님은 고아원이나 소년원에서 봉사 활동을 자주 했어. 뒤낭도 부모님의 영향을 받아 청년 시절부터 가난한 사람을 돌보는 활동을 했다고 해.

1853년, 뒤낭은 스위스에 있는 은행에 취직하여 아프리카의 알제리로 발령받았어. 그곳에서 뒤낭은 제분 회사를 세우면 많은 이익을 낼 수 있다는 것을 알고 곧바로 은행을 그만두었지. 그런데 회사는 생각만큼 이익을 내지 못했어. 어려움에 맞닥뜨린 뒤낭은 북이탈리아에서 오스트리아군과 전쟁(솔페리노 전투)을 치르고 있던

앙리 뒤낭

프랑스 황제 나폴레옹 3세를 찾아가 도움을 청하기로 했어(당시 알제리는 프랑스의 통치를 받고 있었음).

전쟁터에서 한낱 사업가가 황제를 만난다는 것은 쉬운 일이 아니었지. 결국 뒤낭은 황제를 만나지 못하고 돌아올 수밖에 없었는데, 그곳 전쟁터에서 수만 명이나 되는 사망자와 부상자를 목격하고 큰 충격을 받았어.

부상자들을 보고 그 자리를 떠날 수가 없었던 뒤낭은 당장 부상자 치료에 뛰어들었어. 1862년, 뒤낭은 이때의 경험을

적십자 로고는 적십자를 창립한 앙리 뒤낭의 조국인 스위스에 대한 존경의 뜻을 담아 만든 것으로, 스위스 국기(빨간 바탕에 흰 십자가)의 배색을 반대로 디자인했다. 붉은 십자가가 그리스도교를 연상시키기 때문에, 이슬람교를 믿는 국가를 위해 1929년부터 적신월(붉은 초승달) 문양의 로고를 함께 사용하고 있다.

정리해 《솔페리노의 회상》이라는 책을 출간했지. 아울러 전쟁 중에 부상자들을 치료할 민간단체를 설립하자고 제안했어.

뒤낭의 이 제안에 많은 국가가 호응하면서 1863년 '국제 부상자 구호 위원회(현 국제적십자위원회)'가 조직됐어. 이들의 노력은 1864년에 전쟁터에서 부상자들을 치료할 수 있도록 규정하는 최초의 '제네바 협약'이 체결되는 데 큰 역할을 했어.

적십자 운동을 하는 세 개의 조직

'적십자'는 전쟁 중에 아군이나 적군을 구분하지 않고 다친 사람을 치료할 목적으로 만든 국제적 민간단체를 대표

하는 이름이야. 또한 '국제적십자위원회', '국제적십자사·적신월사 연맹', 각 나라에 있는 '적십자사'를 총칭하는 말이기도 하지.

현재 적십자 운동을 하는 단체 가운데 국제적인 조직으로는 국제적십자위원회(International Committee of the Red Cross, ICRC)와 국제적십자사·적신월사 연맹(International Federation of Red Cross and Red Crescent Societies, IFRC)이 있고, 국내 조직으로는 각 나라의 적십자사와 적신월사가 있어. 이 세 조직은 활동 내용이나 역할은 조금씩 다르지만, 모두 같은 목적으로 설립되었고 하나의 뿌리에서 출발했어. 그 뿌리가 바로 스위스의 청년 사업가였던 앙리 뒤낭이야.

국제 부상자 구호 위원회(일명 5인 위원회)를 만든 사람들. 귀스타브 무아니에, 기욤 앙리 뒤푸르, 앙리 뒤낭, 테오도르 모누아르, 루이 아피아(위 왼쪽부터 시계 방향으로)

가장 오래된 조직인 국제적십자위원회는 주로 분쟁과 관련된 활동을 맡고 있어. 각 나라 적십자사와 적신월사의 연합체인 국제적십자사·적신월사 연맹은 주로 평상시의 적십자 활동을 맡고 있어.

이 세 조직은 같은 목적으로 모이기는 했지만, 서로 다른 단체이다 보니 이따금 갈등이나 혼란이 빚어지기도 했어. 그래서 갈등이나 혼란을 없애기 위해 '국제회의'와 '기본 원칙'을 만들었지. 국제회의는 국제적십자위원회, 국제적십자사·적신월사 연맹, 각 나라 적십자사·적신월사와 제네바 협약 가입국 정부의 대표자들이 모두 참석해서 적십자의 중요한 활동을 조정하고 결정하는 최고 의결 기관이야. 이 국제회의는 4년에 한 번 열려.

적십자 운동의 7대 기본 원칙도 만들었어. 이 원칙은 1965년 오스트리아 빈에서 열린 적십자 국제회의에서 공식적으로 채택됐어. 적십자 운동을 하는 모든 구성원은 '인도, 공평, 중립, 독립, 자발적 봉사, 단일, 보편'이라는 7대 기본 원칙을 새기며 활동해야 해.

가장 오래된 엔지오 단체, 국제적십자위원회

국제적십자위원회는 1863년에 설립된 최초의 엔지오 단체로, 적십자 활동을 하는 단체 중에서 가장 먼저 만들어졌어. 국제적십자위원회는 설립되자마자 바로 각 나라에 구호 단체를 설립한다고 결정했지. 이 결정에 따라 각 나라에서 적십자사와 적신월사가 탄생했어. 그리고 적십자사와 적신월사에서 활동하는 사람들에게는 중립적인 지위를 주고 국제적으로 보호해 줄 것도 결의했어.

제1차 세계 대전 때 '자비의 이름으로'라는 구호를 적은 국제적십자위원회 포스터

국제적십자위원회는 적십자의 활동을 쉽게 알아볼 수 있도록 공통의 로고도 만들었어. 이것이 바로 적십자를 상징하는 '흰 바탕에 붉은 십자가' 모양의 적십자기야. 이 로고는 적십자를 만든 앙리 뒤낭의 조국인 스위스에 대한 존경의 표시를 담아 스위스 국기(빨간 바탕에 흰 십자가)의 배색을 반대로 한 거야.

국제적십자위원회가 하는 가장 중요한 활동은 세계 곳곳에서 벌어지는 전쟁 피해자들의 생명과 존엄성을 보호하고 그들을 지원하는 일이야. 또 전쟁이 일어났을 때 각 나라 적십자사와 적신월사, 국제적십자사 · 적신월사 연맹의 대응 활동을 지휘하고 조정하는 역할을 하지. 어떤 국가에 적십자사와 적신월사가 새로 설립되면 승인하는 임무도 맡고 있어.

국제적십자위원회는 현재 스위스 제네바에 본부를 두고, 전 세계 80여 개국에서 1만 5천여 명의 직원이 활동하고 있어. 국제적십자위원회는 그동안 열심히 활동한 공로를 인정받아 1901년(국제적십자위원회를 만든 앙리 뒤낭이 개인 자격으로 수상), 1917년, 1944년, 1963년(국제적십자사 · 적신월사 연맹과 공동 수상)에 노벨 평화상을 받았어.

가장 큰 엔지오 단체, 국제적십자사·적신월사 연맹

각 나라 적십자사의 연맹체인 국제적십자사·적신월사 연맹은 세계에서 가장 규모가 큰 엔지오 단체야. 지금 이 연맹에는 200여 개국의 적십자사·적신월사가 가입해 있어.

제1차 세계 대전이 끝난 후, 유럽 지역은 몹시 절망적인 상황에 놓였어. 경제가 바닥으로 추락해 굶주리는 사람들이 넘쳐났고, 각종 전염병으로 많은 사람이 죽어 갔어. 게다가 전쟁 후에 난민들이 생겨나면서 큰 혼란에 빠졌지.

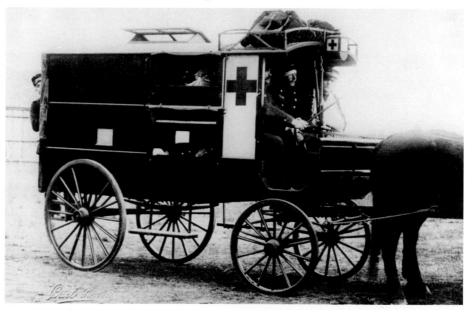

1878년 덴마크 군용 구급차에 찍힌 적십자 로고. 1864년 제네바 협약에 따라 구급차, 병원, 의료진을 위해 제정한 흰색 바탕에 붉은 십자가 문양이다. 나중에 적신월을 상징하는 흰색 바탕에 붉은 달 문양도 도입되었다.

이 시기에 미국 적십자사를 이끌고 있던 헨리 데이비슨은 1919년 프랑스 파리에서 열린 국제회의에서 전쟁 후에 고통받고 있는 사람들을 구제하기 위해 세계적인 운동을 펼치자고 주장했어. 그때는 대부분의 구호 활동이 전쟁 중에 국한되어 있었는데, 헨리 데이비슨은 평상시에도 질병 예방이나 빈민 구제가 필요하다고 생각한 거야. 그는 먼저 각 나라의 적십자사를 하나로 묶는 단체를 만들자고 제안했어. 많은 나라가 이 제안에 찬성하면서 만들어진 단체가 바로 국제적십자사·적신월사 연맹이야.

연맹은 설립 당시에는 본부를 파리에 두고 활동하다가 1939년에

스위스 제네바에 있는 국제적십자위원회 본부

스위스 제네바로 옮겼어. 연맹 명칭도 초기에는 '적십자사 연맹'이었는데 나중에 '국제적십자사 연맹'으로 바꾸었고, 다시 '국제적십자사·적신월사 연맹'으로 바꿨어.

명칭에 적신월사라는 단어를 추가한 이유는 이슬람교를 믿는 사람들을 배려했기 때문이야. 적십자는 붉은 십자가 모양을 표징으로 사용하는데, 이것이 그리스도교를 연상시키기 때문에 이슬람교를 믿는 국가에서는 적십자 문양 대신에 이슬람교를 상징하는 적신월(붉은 초승달)을 사용하게 해 달라고 요청했어. 연맹은 1929년에 회의를 거쳐 적신월 문양과 적신월사 명칭을 승인했어(2005년에 적십자 국제회의는

대한민국 임시 정부에 의해 설립된 대한 적십자회(대한 적십자사의 전신) 응급 구호반(1920년)

종교, 민족, 문화적으로 아무런 의미도 함축하지 않는다는 이유에서 적십자, 적신월 문양에 이어 '적수정' 문양을 적십자 운동의 세 번째 공식 문양으로 인정했다).

국제적십자사·적신월사 연맹은 쉽게 말해 전 세계에서 질병이나 굶주림, 재해 등으로 고통받는 사람들을 돕기 위해 각 나라 적십자사 대표들이 모여서 일하는 곳이야. 연맹의 가장 주요한 업무는 각 나라 적십자사의 활동을 지원하는 일이야. 각국 적십자사는 전쟁 때 구호 활동을 할 뿐만 아니라 평상시 자기 나라에서 재해가 발생했을 때도 구호 활동을 펼치는데, 연맹은 각 나라 적십자사의 이런 모든 활동을 지원하지.

또한 연맹은 각 나라 적십자사끼리 협력해야 할 때나 갈등이 생겼을 때 조정하기도 해. 그리고 경험이나 아이디어 등을 공유하고 교환하는 것도 중요한 역할이지.

모두 함께하는 적십자 운동

적십자 운동은 지금도 활동 범위를 꾸준히 넓혀 가고 있어. 전쟁 중에 구호 활동을 하는 것은 물론이고, 평소에는 재해를 구호하거나 평화를 유지하기 위해서도 많이 애쓰고 있지. 최근에는 앞으로 세계를 이끌어 갈 청소년에게 우정과 연대, 평화 정신을 심어 주기 위해 '청소년 적십자 운동'도 전개하고 있어.

우리나라는 일찍부터 적십자 운동에 동참했어. 우리나라는 1903년 대한 제국 시기에 제네바 협약에 가입했고, 1905년에 적십자사를 설립했어. 지금의 '대한 적십자사'는 1949년 4월에 공포된 법률에 따라 새롭게 조직한 거야.

적십자 단체들은 많은 사람이 적십자의 정신과 활동을 이해하고 관심을 기울이게끔 앙리 뒤낭의 생일인 5월 8일을 '세계 적십자와 적신월사의 날'로 정해 기념하고 있어. 또한 가장 열심히 일한 적십자 활동가를 선정하여 2년에 한 번씩 '앙리 뒤낭 상'을 주고 있어.

제네바 협약

1864년 8월, 앙리 뒤낭의 주장에 따라 스위스 제네바에서 12개국 대표가 모여 회담을 열고 전쟁터에서 부상자들을 치료하기 위한 협약을 맺었어. 이 협약이 바로 '제네바 협약'이야.

제네바 협약의 주요 내용은 다음과 같아.

> 첫째, 부상병을 태우고 가는 차량과 야전 병원은 공격하지 않는다.
> 둘째, 상대편 부상병을 치료해 준 민간인에게 불이익을 주지 않는다.
> 셋째, 부상병은 국적과 상관없이 치료해 주고 자기 나라로 돌려보낸다.

제네바 협약은 지금까지 몇 차례 개정됐어. 1864년의 제1차 제네바 협약은 육지에서 일어난 전쟁에 대해서 체결한 협약인데, 1906년에 체결한 제2차 제네바 협약 때는 바다에서 일어난 전쟁에 대해서도 부상병을 치료한다는 내용을 추가했어. 1929년에 체결한 제3차 제네바 협약에는 전쟁 포로를 자국으로 돌려보낸다는 내용을 추가했지. 그리고 1949년 체결한 제4차 제네바 협약에는 전쟁을 일으킨 지도자를 처벌하고 민간인을 보호한다는 내용을 추가했어.

제네바 협약에는 현재 200여 개국이 가입해 있는데, 실제로 전쟁이 났을

때 과연 협약 내용이 잘 지켜지고 있는지는 확신할 수 없어. 그렇지만 제네바 협약은 전쟁의 폐허 속에서도 인도주의적 평화를 꽃피우려는 인류의 노력을 상징하는 조약이라고 할 수 있어.

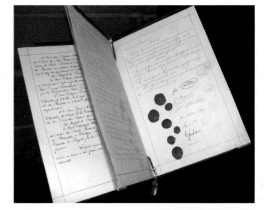

제1차 제네바 협약 사본

가난이 없는 공정한 세상,
옥스팜

OXFAM

❶ 설립 연도 : 1942년
❷ 본부 : 케냐 나이로비
❸ 주요 활동 : 기아·난민 구제, 공정 무역, 지구 온난화 문제 해결 노력
❹ 특징 : 세계 최대의 국제구호개발기구

옥스팜의 시작, 가난한 사람들을 위한 모금 활동

인류의 가장 큰 재앙 중 하나였던 제2차 세계 대전은 1939년에 독일이 폴란드를 공격하면서 시작됐어. 전쟁 초기에 독일은 전 유럽을 공포의 도가니로 몰아넣으면서 많은 나라를 점령해 갔어. 그리스도 그중 하나였지.

그때 전쟁 물자가 부족했던 독일은 그리스를 점령한 뒤 그곳의 모든 물자를 징발했어. 그 바람에 그리스 사람들은 먹을 것이 없어 굶

주림에 허덕였지. 그리스의 안타까운 사연이 주변 나라에 알려지자, 제일 먼저 영국이 그리스를 돕기 위한 모금 활동을 했어. 이 모금 활동을 시작한 대표적인 단체가 '옥스퍼드 기근 구조 위원회(Oxford Committee for Famine Relief)'야.

옥스팜(Oxfam)은 바로 이 위원회에서 탄생했어. 옥스팜이라는 이름도 이 위원회에서 따온 말이야. 옥스팜은 옥스퍼드 학술 위원회의 머리글자 'Ox'와 '기근, 굶주림'을 뜻하는 'Famine'의 앞 글자를 합쳐서 만든 이름이지.

그리스를 돕기 위한 모금 활동에서 시작된 옥스팜은 곧 전쟁과 자연재해 등으로 굶주리고 고통받는 사람들을 돕는 단체로 발전했어. 지금은 세계 최대의 국제구호개발기구가 되었지.

가난의 원인은 무엇일까?

부자는 어떻게 부자가 되었고, 가난한 사람은 어떻게 가난해졌을까? 부지런한 사람은 부자가 되고, 게으른 사람은 가난해졌을까? 물론 개인의 노력에 따라 부자와 가난한 사람이 생길 수도 있지만, 근본

옥스팜(Oxfam) 로고의 동그란 원과 사람 모습 또는 리본 매듭 형태의 문양은 영어 'O'와 'X'를 뜻하며, 인류애와 가난한 사람을 연결한다는 의미도 담고 있다.

적으로 가난은 불평등에서 오는 경우가 많아.

　겨우 여덟 명의 사람이 전 세계 하위 50퍼센트의 소득과 맞먹는 부를 소유하고 있다는 조사 결과가 있어. 이것은 경제 성장의 혜택이 골고루 분배되지 않았기 때문에 나타난 현상이라고 볼 수 있지. 지금 세계는 가난한 사람과 부유한 사람 사이의 빈부 격차가 점점 더 커지고 있어. 부유한 사람이 더 많이 가져갈 때 가난한 사람은 그만큼 더 고통을 겪을 수밖에 없어.

　요즘 세계가 가장 고민하는 문제 중 하나가 지구 온난화야. 홍수와 가뭄 같은 자연재해는 지구 온난화의 영향 때문에 일어나지. 지구 온난화를 일으키는 주범은 이산화탄소야. 이산화탄소를 가장 많이 배출하는 것은 잘사는 나라들인데, 이 나라들에서 배출하는 이산화탄소 때문에 가난한 나라들이 매우 심한 피해를 입고 있어. 홍수와 가뭄은 가난한 나라에 아주 치명적인 자연

재해이기 때문이지. 이것은 너무나 불평등한 일이야.

잘사는 나라가 이산화탄소 배출량을 줄이지 않으면 가난한 나라는 계속해서 더 큰 피해를 입을 수밖에 없어. 물론 그 피해는 가난한 나라뿐 아니라 지구 전체의 피해이기도 하지.

옥스팜의 목표, 가난이 없는 공정한 세상!

앞에서 가난의 원인을 알아본 이유는 바로 그것이 옥스팜의 목표와 활동에 연관되기 때문이야. 옥스팜의 목표는 가난

1960년대부터 진행된 기근 퇴치 캠페인 ©Bodleian Library

이 없는 공정한 세상을 만드는 거야. 모든 사람이 동등한 대우를 받고 인간으로서 당연히 누려야 할 기본 권리가 보장되는 사회를 만드는 거지. 옥스팜은 가난의 원인을 불평등에서 보았고, 불평등을 없애기 위해 최선의 노력을 기울이고 있어.

옥스팜의 초기 활동은 단순했어. 식량을 원조해서 가난한 사람들을 돕는 거였지. 그러다가 1960년대 이후부터는 공정 무역에 힘을 쏟았어. 공정 무역이란 쉽게 말하면 생산자에게 유리한 무역 형태를 가리켜. 가난한 나라의 생산자가 만든 물품이 정당한 대가를 받을 수 있도록 무역이 공정하게 이루어져야 한다는 것을 강조한 말이야.

그동안 가난한 나라 사람들이 생산한 물품은 선진국의 거대 기업들이 횡포를 부린 탓에 정당한 대가를 받지 못했어. 옥스팜은 이런 불공정한 무역에 반대하며 공정 무역 운동을 활발하게 펼쳤어. 또 가난한 나라 사람들이 빈곤과 기아에서 벗어날 수 있는 근본적인 방법도 찾고 있어.

최근 들어 옥스팜은 지구 온난화에 많은 관심을 기울이고 이 문제를 해결하기 위해 노력하고 있어. 알다시피 지구 온난화는 가뭄이나 홍수를 비롯한 많은 자연재해를 일으키지. 그런데 자연재해에 대비할 기본 준비조차 되어 있지 않은 가난한 나라들은 심각한 피해를 입을 수밖에 없어. 지구 온난화 문제를 해결하려면 이산화탄소 배출량을 줄여야 하는데, 지금까지 선진국들은 개발에 눈이 멀어 이 문제에

옥스팜의 활동

	활동명	활동 내용
인도주의적 긴급 구호 활동	옥스팜 본연의 임무, 전 세계 60여 개 이상 지역에서 동시 진행	아시아·아프리카의 코로나19 발생 지역 긴급 구호, 시리아·미얀마·르완다 난민 지원, 아프리카 기근 지역 지원
국제 개발 활동	빈곤과 기아의 근본적인 해결책을 제시해 주는 활동	아시아·아프리카 지역 여성과 아동 교육, 농업 기술 전수, 소상인 대출
캠페인 및 옹호 활동	전 세계가 정의롭고 평등한 세상을 만드는 데 동참해 달라는 의미에서 펼치는 활동	공정 무역 운동, 탄소 배출량에 대한 여러 선진국의 책임 있는 행동 촉구

소극적이었어. 옥스팜은 이 문제를 해결하기 위해 선진국의 책임 있는 행동을 촉구하고, 지구 온난화 피해에 대응할 수 있는 여러 기술 지원과 교육에도 힘을 쏟고 있어.

옥스팜은 2013년부터 해마다 '세계 경제 포럼(세계의 저명한 기업인·경제학자·저널리스트·정치인 들이 모여 세계 경제를 토론하고 연구하는 국제 민간 회의. 스위스 다보스에서 열려 '다보스 포럼'이라고도 함)' 개최에 맞춰 〈불평등 보고서〉를 발표하고, 부의 불평등을 해소하기 위한 각국 정부와 기업의 행동을 촉구하고 있어.

전 세계 시민과 함께하는 옥스팜의 합리적인 운영

옥스팜은 여러 가지 활동을 하지만, 본래 임무이자 가장 중요한 활동은 긴급 구호야. 80여 년 동안 축적된 현장 경험을 바탕으로, 위기 상황에서 깨끗한 물과 위생 시설을 제공하는 데 앞장서고 있어. 어떤 재난이 발생해도 48시간 이내에 출동할 수 있게끔 옥스팜의 긴급 구호 창고에 충분한 장비와

현재의 옥스팜 가게

물품을 비축하고 있지.

옥스팜이 이런 활동을 할 수 있는 것은 각 나라 시민의 자발적인 참여와 기부 덕분이야. 옥스팜은 영국에서만 500여 개가 넘는 자선 가게에서 기부받은 물품이나 모금으로 기금을 마련하고 있어. 옥스팜이 운영하는 자선 가게는 회원에게서 기부받은 각종 재활용품을 판매하는 곳이야. 1947년에 처음 문을 연 이후 지금까지 옥스팜 활동에서 중요한 부분을 담당하고 있지. 우리나라의 '아름다운가게'도 옥스팜 가게에서 아이디어를 얻어 시작한 거야.

1995년에는 각국 옥스팜의 활동을 좀 더 효율적으로 지원하고 관리하기 위해 '옥스팜 인터내셔널'을 설립했어. 현재 옥스팜 인터내셔

1947년 영국 옥스퍼드에 처음 들어선 옥스팜 매장

1974년 요크셔주에 설립된 옥스팜 재활용 시설 '웨이스트세이버'

널 본부는 케냐 나이로비에 있고, 호주·캐나다·프랑스·독일·영국·미국 등 21개 회원 단체가 가입했어. 21개 회원 단체는 독립적으로 운영되고 있지. 약 1만 명의 직원과 5만여 명에 이르는 인턴·자원봉사자 들이 전 세계 80여 개국에서 빈곤과 불공정을 없애고 생명을 구하기 위해 애쓰고 있어. 옥스팜 한국 사무소는 2014년에 설립되어 옥스팜 활동에 적극 동참하고 있어.

옥스팜 트레일워커

옥스팜 트레일워커는 100킬로미터를 4명이 한 조가 되어 38시간(완주 시간은 나라별 산세와 지형에 따라 조금씩 다르며, 우리나라는 38시간) 안에 완주하는 도전 형식의 기부 프로그램이야. 참가자들은 참가비와 기부금을 내는데, 이 금액은 모두 전 세계 가난한 사람들을 위해 사용하지.

1981년에 홍콩에서 처음 시작한 옥스팜 트레일워커는 크게 두 가지 의미가 있어. 하나는 육체적·정신적 한계 상황에 도전해 고통을 체험하는 거야. 옥스팜 트레일워커는 짧은 시간이나마 고통을 체험해 봄으로써 가난한 사람들이 겪는 고통과 어려움을 느끼고 이해한다는 의미가 있어.

다른 하나는 기부금 모금이야. 옥스팜 트레일워커에 동참하려면 반드시 참가비와 기부금을 내야 해. 특히 기부금은 참가자들이 주변 사람에게 옥스팜 트레일워커의 취지를 알리고 함께 모금해서 기부하는 형식인데, 모두 함께한다는 의미가 담겨 있지. 4명이 한 조가 되어 4명 모두 완주해야 한다는 대회 규칙에도 다 함께

2023년 우리나라에서 열린 옥스팜 트레일워커 대회 완주 메달

인내하면서 고통을 나누어 극복한다는 의미가 담겼어.

옥스팜 트레일워커는 전 세계 12개국(영국, 프랑스, 스페인, 홍콩, 인도, 호주, 뉴질랜드, 한국 등)에서 개최되었어. 우리나라는 2017년 5월 전라남도 구례군에서 처음으로 옥스팜 트레일워커 대회를 열었고, 2024년 5월에는 강원도 인제군에서 일곱 번째 한국 대회를 열었어. 지금까지 전 세계에서 약 20만 명 이상이 옥스팜 트레일워커에 참여해 2억 달러가 넘는 기부금을 모았어. 이 기부금 전액은 가난한 사람들을 일으켜 세우고, 가난을 만드는 불공정한 구조를 바꾸기 위해 노력하는 옥스팜 활동에 사용되고 있어.

세계 어린이 지킴이,
세이브더칠드런

 Save the Children

❶ 설립 연도 : 1919년
❷ 본부 : 영국 런던
❸ 주요 활동 : 어린이 보건·의료 사업, 빈곤 어린이 지원, 어린이 교육
❸ 특징 : 최초로 아동 권리를 이야기한 세계 최대의 어린이 보호 단체

에글렌타인 젭의 노력으로 시작된 세이브더칠드런

1876년, 영국 중서부 지역에 있는 엘즈미어에서 에글렌타인 젭이라는 아이가 태어났어. 그 아이의 집안은 매우 부유했고 공적인 일에도 헌신했지. 아이는 자라서 옥스퍼드대학교에 들어가 역사를 공부하고, 스톡웰 교원대학에서 교사가 되기 위한 교육을 받았어. 당시에는 흔치 않은 엘리트 여성이었지.

에글렌타인 젭은 대학교를 졸업한 후, 환경이 열악한 지역에서 교

사 생활을 시작했어. 그러다 건강이 좋지 않아 교사를 그만두게 되었지. 하지만 아이들에 대한 열정은 계속됐어. 전쟁이 난 세르비아에 가서 구호활동을 펼치는 것을 돕고 기록했지. 그리고 아이들을 돕는 사회 운동을 시작했어.

에글렌타인 젭

그때는 제1차 세계 대전이 끝난 뒤여서 전쟁의 후유증이 심각했어. 특히 패전국인 독일과 오스트리아 사람들은 승전국들의 가혹한 봉쇄 정책 때문에 아주 비참한 생활을 하고 있었어. 먹을 것이 없어 굶어 죽기도 했고, 병에 걸려도 치료조차 할 수 없었지. 어린이들의 상태는 더 심각했어.

이런 상황을 알게 된 에글렌타인 젭은 동생과 함께 이들을 돕기로 했어. 그는 먼저 독일과 오스트리아에 대한 봉쇄 정책을 중단하라고 영국 정부에 요청했어. 하지만 이 요청은 무시되었어. 에글렌타인 젭은 전쟁으로 굶주린 아이들에 대해 사람들에게 직접 알리기 위해 런던의 트라팔가 광장에서 전단지를 나눠 줬어. 그러나 그는 곧 체포됐어. 전단 내용 중에 영국 정부의 봉쇄 정책을 비난하는 대목이 있었기 때문이야.

세이브더칠드런의 로고는 세계를 뜻하는 동그란 원 안에 두 팔을 활짝 펼친 어린이 모습이다. 세계 속에서 자기 의사를 자유롭게 표현하고 꿈과 희망이 넘치는 활동적인 어린이를 의미하며, 로고의 빨간색은 어린이를 향한 따뜻한 마음과 끊임없는 열정을 상징한다.

에글렌타인 젭은 재판을 받았는데, 벌금 5파운드라는 아주 가벼운 판결을 받았어. 국적과 상관없이 어린이들을 도와야 한다는 그의 주장에 판사도 감명받았기 때문이야.

에글렌타인 젭의 열정에 감동한 검사가 상징적으로 5파운드를 기부하면서 '벌금 5파운드'가 세이브더칠드런의 초창기 후원금이 됐어. 1919년 5월, 에글렌타인 셉은 어려운 어린이들을 본격적으로 놉기 위해 '세이브더칠드런 펀드'를 설립했어. 그는 설립 연설에서 "우리에

게는 단 한 가지 목적이 있습니다. 한 명의 아이라도 더 구하는 것입니다. 우리에게는 단 한 가지 규칙이 있습니다. 그 아이가 어느 나라 아이이건, 어떤 종교를 믿건 상관없이 구해야 한다는 것입니다."라고 말했어. 어떤 사람들은 적국의 어린이들을 돕는 배신자라고 비난했지만, 그보다 더 많은 사람이 이 단체의 시작을 축하해 주면서 기금 마련에 뜻을 함께했어.

에글렌타인 젭이 만든 펀드는 단기간에 많은 기금을 모을 수 있었어. 이에 힘을 얻은 그는 어린이들을 돕기 위한 국제적인 운동, 즉 국제 세이브더칠드런 연맹을 설립하고 연맹 책임자가 되어 어린이들을

위해 헌신적으로 일했어.

1923년, 에글렌타인 젭은 최초의 〈아동 권리 선언문〉을 만들었어. 이 선언문은 1924년에 유엔의 전신인 국제 연맹 회의에서 '아동 권리에 관한 제네바 선언'으로 채택됐어. 제네바 선언은 어린이의 권리를 최초로 인정한 선언으로, 에글렌타인 젭과 세이브더칠드런의 노력이 이끌어 낸 성과였어.

그 뒤 제네바 선언은 1959년 유엔 총회에서 '유엔 아동 권리 선언'으로 발전했어. 1989년에는 드디어 유엔 총회에서 '유엔 아동 권리 협약'으로 채택되어, 어린이의 권리를 지켜 주는 것이 전 세계 국가에서 의무 사항이 되었어.

에글렌타인 젭이 빈곤한 어린이를 돕기 위해 설립한 세이브더칠드런(Save the Children)은 어린이와 관련된 엔지오 중에서 가장 오래되고 가장 큰 단체야.

세이브더칠드런의 가장 중요한 일

세이브더칠드런이 하는 가장 중요하면서도 핵심적인 역할은 어린이를 보호하고, 교육하며, 건강하게 성장하도록 돕는 일이야.

전 세계 어린이 가운데 약 75퍼센트가 폭력(신체적·정서적 학대, 부모의 방치, 어린이 노동)을 경험했다는 조사 결과가 있어. 어린이가 이런 폭력에 노출되면 평생 신체적·정신적 건강에 문제를 겪을 수 있어. 그래서 세이브더칠드런은 어린이를 폭력의 위험에서 보호하기 위해 다양한 활동을 펼치고 있지. 이미 폭력을 경험한 어린이들은 심리 치료와 재활 치료를 받을 수 있게 지원하고, 어린이에 대한 폭력을 예방하기 위해 사람들의 생각을 바꾸는 캠페인을 펼치고, 법과 제도를 바꾸는 일에도 힘쓰고 있어.

지금 세계적으로 4억 명에 가까운 어린이들이 글을 읽거나 쓸 수

세이브더칠드런의 활동

시기	활동 내용
1940년	제2차 세계 대전 피해국에서 어린이 구호 활동
1953년	한국 전쟁 피해 어린이 지원
1960년	과테말라 지진 피해 지역과 베트남 전쟁 피해 지역 지원
1984년	에티오피아 기근 지역 지원
1994년	르완다 대학살 이후 난민 어린이 가족 찾아 주기 활동
2004년	인도네시아 쓰나미 피해 지역 지원
2009년	5세 미만 영유아 살리기 글로벌 캠페인 시작
2012년	서아프리카 식량 지원과 시리아 난민 인도적 지원
2020년	코로나19로 고통받는 전 세계 88개국 1,180만 명의 어린이 지원

없고, 3세에서 6세 어린이 중 절반 가까이가 초등 교육을 받지 못하는 실정이라고 해. 어린이들이 양질의 기본 교육을 받지 못한다면 빈곤의 악순환에서 벗어날 수 없고, 자신들의 잠재력을 펼쳐 보일 수도 없어. 세이브더칠드런은 정부, 지역 사회와 협력하여 어린이들이 양질의 교육을 받을 수 있게 다양한 종류의 교육을 제공하고자 최선을 다하고 있어.

한편, 얼마든지 예방할 수 있는 질병으로 사망하는 5세 미만 어린이가 해마다 전 세계에 약 500만 명이 넘는다고 해. 세이브더칠드런은 이런 비극적인 일이 일어나지 않도록 가장 취약한 가정의 자녀에게 음식과 보살핌을 제공하고 있어. 또한 충분히 예방할 수 있는 원인으로 어린이들이 사망하지 않도록 정책과 시스템을 강화하기 위해 정부를 비롯한 여러 단체와 협력하고 있어.

세이브더칠드런 코리아와 세이브더칠드런

1953년 한국 전쟁이 끝난 뒤에 영국, 미국, 캐나다, 스웨덴의 세이브더칠드런 4개 회원국이 어린이 구호 활동을 시작했어. 이때 우리나라에도 세이브더칠드런 지부가 설립됐지. 1950년대 말에는 전후 구호 활동에서 농촌 지역 개발 활동으로 사업 영역을 확대했고, 1970년대에는 지역 개발 사업을 시작했어. 1996년부터는 활동 범위를 해외로 넓혀서 지진이나 태풍, 가뭄으로 고통받는 지역의 어린이들을 인도적으로 지원했어.

2004년, 세이브더칠드런 한국 지부는 한국어린이보호재단과 합병하여 사회 복지 법인 '세이브더칠드런 코리아'로 이름을 바꾸어 활동하고 있어.

세이브더칠드런은 설립 이후 각 나라별로 활동해 왔어. 그러다가 운영을 좀 더 효율적으로 하기 위해 1977년 스위스에 본부를 만들고 국제 세이브더칠드런 연맹을 설립했지. 연맹은 1997년에 영국 런던으로 본부를 옮겼어.

현재 세이브더칠드런은 30개 회원국이 협력하여 5개 지역 사무소를 두고 있으며, 전 세계 122개국에서 2만 5천여 명의 직원들이 헌신적으로 활동하고 있어.

유엔 아동 권리 협약

어린이에게도 인권이 있으며 그 인권을 보호해야 한다는 생각은 1923년 에글렌타인 젭이 최초의 〈아동 권리 선언문〉을 만들면서 구체화했어. 이 선언문은 1924년 스위스 제네바에서 열린 국제 연맹 회의에서 '아동 권리에 관한 제네바 선언'으로, 1959년에는 유엔 총회에서 '유엔 아동 권리 선언'으로 채택되었어.

그렇지만 '유엔 아동 권리 선언'은 어디까지나 권고 사항이었기 때문에, 어린이의 권리를 확실하게 보호하고 존중해 주기 위해서는 각국의 약속이 필요했어. 1989년 11월, 유엔 총회에서는 아동의 권리를 더욱 확실하게 보장할 목적으로 '유엔 아동 권리 협약'을 만장일치로 채택했지.

'유엔 아동 권리 협약'에서는 어린이를 18세 미만의 아이를 말하며, 어린이는 단순한 보호 대상이 아니라 권리를 지닌 인격체라고 규정했어. 이 협약은 크게 생존의 권리, 보호의 권리, 발달의 권리, 참여의 권리 등 네 분야에서 어린이의 기본권을 규정하고 있어.

'유엔 아동 권리 협약'에 가입한 나라는 모든 대책을 세워 협약 내용을 지켜야 해. 그리고 가입 후 2년 안에, 그 뒤에는 5년마다 어린이 인권 상황과 관련해 '유엔 아동 권리 위원회'에 보고서를 제출하게 되어 있어. 위원회는 이 보고서를 심의해서 해당 국가와 함께 문제점을 파악하고 해결하지.

우리나라는 1991년 11월에 '유엔 아동 권리 협약'을 비준했어. 그리고 그 규정에 따라 민간단체와 협력하여 어린이 인권 상황에 관한 보고서를 유엔

아동 권리 위원회에 제출하고 있어.

유엔 아동 권리 협약은 아동의 권리를 보호하기로 약속한 국가들의 중요한 협약이다.

모든 사람에게 안락한 집이 있는 세상,
해비타트

Habitat for Humanity®

❶ 설립 연도 : 1976년
❷ 본부 : 미국 애틀랜타
❸ 주요 활동 : 무주택 서민들에게 주택 공급, 자립 지원 프로그램 제공,
   나눔 문화 확산
❹ 특징 : 세계 최대의 주거 구호 목적 단체

풀러 부부가 시작한 해비타트 운동

해비타트(Habitat)는 집의 중요성을 세상에 알리고, 집이 없는 사람들에게 안락한 보금자리를 마련해 주려고 만든 단체야. 열악한 주거 환경 때문에 고생하는 사람들을 위해 집을 지어 주어 희망을 전하는 단체라고 할 수 있지(해비타트는 '주거 환경, 주거지, 보금자리'라는 뜻).

해비타트 운동은 미국의 변호사 밀라드 풀러와 린다 풀러 부부가 시작했어. 밀라드 풀러는 1935년 미국 앨라배마주 몽고메리의 가난한 집에서 태어났어. 어린 시절 가난을 경험했기 때문에 그는 늘 백만 장자가 되기를 꿈꾸며 열심히 공부했어. 앨라배마대학교에서 경제학과 법학을 전공하고 나중에 변호사가 되었지.

밀라드는 대학교 재학 중에 친구와 유통 회사를 운영했는데, 이 회사가 큰 성공을 거두었어. 그는 변호사가 된 뒤에도 이 사업을 이어 갔고, 29세의 젊은 나이로 그토록 꿈꾸었던 백만장자가 되었어.

그는 많은 사람들이 부러워하는 큰 부자가 됐지만, 여기에 만족하지 않고 일과 돈 버는 데만 관심을 쏟다 보니 가정에 소홀할 수밖에 없었지. 그러던 어느 날, 밀라드의 아내 린다가 별거를 요구했어. 린다는 가정은 뒷전이고 오로지 자신의 욕망을 이루기 위해서 사는 남편에게 화가 났던 거야. 밀라드는 아내의 별거 요구에 충격을 받아 자신의 삶을 돌아보게 되었어.

1965년, 밀라드와 린다는 아주 중대한 결정을 내렸어. 재산을 교회와 자선 단체에 기부하고 새로운 삶을 살기로 했지. 그들은 곧 조지아주에 있는 기독교 공동체 코이노니아 농장을 방문했어. 풀러 부부는 그곳에서 돈이 없어 집을 짓지 못하는 농장 사람들을 보고 그들에게 집을 지어

■ 해비타트 로고의 영문 'Habitat'는 보금자리, 'Humanity'는 인류를 의미한다. 두 팔을 높이 들고 있는 모습은 쾌적한 주택을 전 세계적으로 공급하기 위해 행동하는 모습을 형상화한 것이다. 사람 형상 위의 지붕 모양은 집을 상징하는 동시에 모든 사람이 공동의 선을 추구하며 모이는 해비타트의 영역을 상징한다.

해비타트를 만든 밀라드, 린다 풀러 부부

줄 방법을 고민했어. 궁리를 거듭한 끝에 밀라드는 여러 사람이 함께 집을 지어 주고, 집을 얻은 사람은 건축비를 무이자로 조금씩 갚게 하는 '협동 주택' 개념을 생각해 냈어.

1973년, 밀라드는 아프리카의 자이르(지금의 콩고 민주 공화국)에 선교사로 가게 되었어. 그는 그곳에서 협동 주택 개념을 실천해 보기로 했지. 그는 우선 건축비를 갚을 능력이 있는 주민을 선별해서 시멘트 블록으로 집을 지어 주기 시작했어. 밀라드의 집 짓기 운동은 놀라운 성공을 거두었어.

3년에 걸친 아프리카 생활을 마치고 귀국한 밀라드는 협동 주택에 대한 자신감을 얻었어. 그리하여 1976년에 가까운 동료들과 함께 국제 주거 복지 비영리 단체인 '해비타트'를 설립했어. 그 뒤 해비타트는 개인과 기업, 여러 사회단체와 힘을 합쳐 무주택 서민에게 희망의 보금자리를 제공하면서 국제적인 운동으로 발전했지.(해비타트 설립자 밀라드 풀러는 전 세계를 돌면서 해비타트 확장에 온 힘을 쏟다가 2009년 2월 74세의 나이로 세상을 떠났다.)

해비타트, 집을 통해 희망을 선물하다

인간이 살아가는 데는 의(옷)·식(음식)·주(집)가 가장 기초적이고 필수적인 요소야. 그중에서 집은 우리가 행복한 생활을 해 나가는 데 무엇보다 중요한 요소라고 할 수 있지. '모든 사람에게 안락한 집이

해비타트의 주요 활동

연도	활동 내용
1976년	국제해비타트 설립
1984년	제1회 지미 카터 특별 건축 사업 개최
1991년	1만 번째 주택 건축
1994년	한국 사랑의 집짓기 운동 연합회 창립
1996년	5만 번째 주택 건축
2001년	한국에서 지미 카터 특별 건축 사업 개최
2009년	30만 번째 주택 건축
2006년	파키스탄, 인도네시아 지진 피해 지역 재건 사업 진행
2014년	100만 번째 주택 건축
2015년	'올해 미국 최고의 사회봉사 단체' 선정
2020년	독립유공자 후손 주거 지원을 위한 815런
2023년	창립 이후 전 세계 5,900만 명 이상의 사람들에게 주거 개선 지원
2024년	한국해비타트 창립 30주년

있는 세상'이라는 비전에 따라 해비타트가 창설된 것도 무엇보다 집의 중요성을 잘 알았기 때문이지.

그래서 해비타트는 무주택 서민에게 편안하고 즐거운 보금자리를 제공하려고 노력해. 해비타트의 궁극적인 목적은 다양한 사람이 힘을 모아 함께 지은 집에서 그들이 희망의 미래를 꿈꾸게 하는 거야. 그래서 해비타트는 아무 조건 없이 집만 지어 주지는 않아. 해비타트 주택에 입주하는 가정은 땅의 '분담의 원칙'에 따라 300시간 이상 현장에서 함께 일해야 하고, '회전기금'의 원칙에 따라 건축비 원가를 무이자, 무기한으로 부담해야 해.

활발하게 활동하는 한국해비타트

우리나라에서는 1990년대 초부터 해비타트 운동이 시작되었어. 1994년에 '한국 사랑의 집짓기 운동 연합회'라는 이름으로 창립되었고 2010년에는 법인 이름을 사단 법인 '한국해비타트'로 바꾸었어.

1994년 경기도 양주에 최초 3세대를 지은 것을 시작으로, 2001년 지미 카터 특별 건축 사업(Jimmy Carter Work Project)이 우리나라에서 진행되어 널리 알려졌지. 그 덕분에 조직과 사업이 급속도로 발전했어.

한국해비타트는 1995년에 법인을 설립한 이후, 1998년에 한국해비타트 100번째 집을 지었어. 2003년에는 태풍 루사로 큰 피해를 입은 강릉과 삼척에 각 20세대를 지었으며, 2006년부터는 집 고치기 사업을 본격화했어. 2011년에 희망의 집 짓기 2천 번째 집을 지었고, 2012년에는 희망의 집 고치기 1천 번째 집 기념식을 치렀지. 2019년부터는 독립유공자 후손 주거 지원 활동을 시작했어.

행복의 보금자리를 끊임없이 짓고 있는 해비타트

해비타트의 모든 사업은 후원과 봉사로 이루어져. 집을 짓는 데 필요한 토지와 장비, 일체의 비용은 개인이나 기업의 후원을 받고, 전문가의 관리 감독 하에 자원봉사자들과 입주 가정이 집을 짓는 모든 과정에 참여해.

후원하고 싶은 사람은 일정한 금액으로 후원하거나 여러 캠페인으로도 후원할 수 있어. 봉사하고 싶은 사람은 희망의 집 짓기나 집 고치기에 참여할 수 있지. 대규모 인원이 모여 대단위 집을 짓는 번개 건축에도 참여할 수 있어. 뿐만 아니라 세계 여러 나라로 파견되어 현지 입주 가정과 함께 집을 짓고, 또 그 나라 문화를 체험하면서 안락한 집의 필요성을 널리 알리는 일도 할 수 있어.

현재 해비타트는 미국 애틀랜타 국제 본부(미국·캐나다)를 중심으

해비타트의 모든 사업은 후원과 봉사로 이루어진다.

로 라틴아메리카 · 카리브해 지구, 유럽 · 중앙아시아 지구, 아프리카 지구, 아시아 · 태평양 지구 등 5개 지역으로 분류된 전 세계 70개 이상의 국가에서 활동하며 지구촌 곳곳에 행복의 보금자리를 선물하고 있어. 해비타트는 지금까지 5,900만 명 이상의 사람들이 새로운 집에서 희망을 꿈꿀 수 있게 도왔어. 해비타트는 지금 이 순간에도 꾸준히 활동하고 있단다.

지미 카터 특별 건축 사업(JCWP)

지미 카터 특별 건축 사업 'JCWP(Jimmy Carter Work Project : 지미 카터 워크 프로젝트)'는 해비타트가 책임을 맡고, 미국 전 대통령 지미 카터가 자기 이름을 걸고 진행하는 대규모 자원봉사 행사야

1980년 말, 지미 카터는 미국 대통령 선거에서 레이건에게 지고 고향으로 돌아갔다가 해비타트 운동을 알게 되었지. 그리고는 이 운동의 자원봉사 단장을 맡았어. 1984년부터 시작된 지미 카터 특별 건축 사업은 해비타트의 가장 유명한 행사가 되어 해비타트를 알리는 데 크게 기여했어.

제1회 지미 카터 특별 건축 사업은 1984년 미국 뉴욕에서 시작되었어. 이

지미 카터 특별 건축 사업에 참여한 지미 카터 전 미국 대통령(왼쪽에서 두 번째, 2024년 12월 100세의 나이로 세상을 떠남)

60

사업은 해마다 미국과 다른 국가에서 번갈아 가며 한 번에 수십 채에서 수백 채의 집을 짓거나 고치는 행사인데, 지미 카터 전 대통령과 그의 부인 로절린 여사가 함께 참여하여 전 세계에 널리 알려졌어. 이웃 사랑을 몸소 실천하는 카터 전 대통령의 헌신적인 태도는 많은 사람에게 깊은 감동을 주었지.

2001년에는 우리나라에서 이 사업이 진행되었지. 우리나라에서 진행된 지미 카터 특별 건축 사업을 기념하며, 2002년부터 한국해비타트에서는 한국 번개 건축(Korea Blitz Build)이라는 프로젝트가 시작되었어. 번개 건축(Biltz Build : 독일어로 '번개'라는 뜻을 지닌 'Blitz'와 '건축'이라는 뜻을 지닌 'Build'의 합성어)은, 모든 물자와 자원봉사자를 단기간에 집중적으로 투입해 집을 완성하는 프로젝트였어.

25달러의 기적,
키바

kiva

❶ 설립 연도 : 2005년
❷ 본부 : 미국 샌프란시스코
❸ 주요 활동 : 소액 대출
❸ 특징 : 세계 최초, 세계 최대의 온라인 소액 대출 단체

플래너리 부부의 노력으로 탄생한 키바

여러분 같은 어린이가 은행에서 돈을 빌릴 수 있을까? 불가능하다
는 사실은 누구나 알고 있어. 마찬가지로 가난한 사람들도 은행에서
돈을 빌리기가 몹시 어려워. 담보로 삼을 만한 것이 전혀 없기 때문이
지. 그런데 아무런 담보 없이 가난한 사람들에게 돈을 빌려주는 단체
가 있어. 바로 '키바(Kiva)'라는 엔지오 단체야.

키바의 탄생은 매트 플래너리와 제시카 플래너리 부부의 헌신적

인 노력이 있었기에 가능했지. 2003년에 플래너리 부부는 모교인 미국 스탠퍼드대학교에서 무하마드 유누스 그라민은행 총재의 강연을 들었어. 무하마드 유누스 총재는 방글라데시에서 가난한 사람들에게 담보 없이 돈을 빌려주는 그라민은행을 세운 사람이야. 유누스 총재의 강연을 듣고 나서 두 사람은 가난한 사람들을 위해 자기들이 할 수 있는 일을 찾기 시작했어.

그러던 중 플래너리 부부는 아프리카로 여행을 떠났는데, 그곳에서 생선을 파는 어느 아주머니의 이야기를 듣게 되었어. 그 아주머니는 하루에 생선 대여섯 마리를 팔아 일곱 아이를 먹여 살려야 하는 힘든 생활을 하고 있었어. 버스를 타고 2시간쯤 가면 생선을 싸게 사서 좀 더 많은 이익을 남길 수 있지만, 버스비가 없어서 그러지 못한다고 했어.

플래너리 부부에게는 아주 충격적인 이야기였지. 부부는 곧 이런 어려운 사람들을 도울 방법이 없는지 생각해 보고, 유누스 총재가 설립한 그라민은행 같은 곳이 필요하다는 결론을 얻었어. 그렇지만 은행을 만드는 것은 현실적으로 불가능했어.

플래너리 부부는 은행 역할을 할 만한 것이 없을까 고민하다가

▌**키바**는 동부 아프리카 지역에서 사용하는 스와힐리어로, '화합, 합의, 일치' 등을 뜻하는 단어이다.

개인끼리 서로 돈을 빌려주고 돈을 받을 수 있는 시스템을 만들어 보기로 했어. 이 시스템은 큰 자본금이 없어도 시작할 수 있고, 가난한 사람들이 아무런 담보 없이 쉽게 돈을 빌릴 수 있는 방법이었어. 부부는 곧장 이런 시스템을 만들기 시작하여 2005년 4월에 키바의 첫 출발을 알렸지.

간단하고 쉬운 키바의 대출 방식

키바의 대출 방식은 아주 간단하면서도 투명해. 키바의 온라인 사이트에는 크게 두 가지 창구가 있어. 하나는 돈이 필요한 사람의 창구이고, 다른 하나는 돈을 빌려줄 수 있는 사람의 창구야.

돈이 필요한 사람은 온라인 사이트에 "가축을 키우고 싶어요. 농작물을 재배하고 싶어요. 과일 가게를 시작하고 싶어요." 이런 식으로 돈이 필요한 이유와 필요한 액수, 계획을 올려놓으면 돼. 그러면 돈을 빌려줄 수 있는 사람은 이들의 사연을 읽어 보고 누구에게 돈을 빌려줄지 직접 결정하지. 이들이 빌려주는 금액은 최소 25달러이지만, 여유가 있는 사람은 그보다 더 많은 금액도 빌려줄 수 있어.

예를 들어 가축을 키우고 싶어서 100달러가 필요한 사람은, 25달러를 빌려주는 사람 네 명이 생기면 즉시 그 돈을 받을 수 있어. 돈을

빌려준 네 명은 돈을 빌린 사람
이 어떻게 일하고 있는지 수시
로 이야기를 들을 수 있어. 만
약 100달러를 빌린 사람이 6개
월 뒤에 이 돈을 갚으면 25달러

를 빌려준 네 사람은 바로 돈을 돌려받을 수 있어. 물론 돌려받은 돈을 곧장 다시 투자할 수도 있지.

25달러의 기적을 만든 키바

키바의 첫 대출자는 플래너리 부부가 아프리카에서 만났던 생선 파는 아주머니였어. 아주머니는 키바에서 25달러씩 빌려준 여러 명의 도움으로 500달러를 대출받았어. 아주머니는 이 돈으로 버스를 타고 가서 싼값에 생선을 사다가 많은 이익을 거두었지. 그리고 몇 달 뒤에는 자기가 빌린 돈을 모두 갚고 저축도 할 수 있었어. 키바의 성공적인 출발이었어.

단돈 25달러는 부유한 사람에게는 하잘것없는 액수일지 몰라도 가난한 사람에게는 생명과 직결되는 큰돈일 수 있어. 아주 작은 도움으로 많은 사람이 삶을 바꿀 수 있다면 이보다 더 큰 기적은 없을 거야. 키바는 바로 그런 기적을 만들었어.

가난한 사람에게 돈을 빌려주면 돈을 돌려받지 못할 수도 있지 않을까 생각하겠지만, 키바의 대출 상환 비율은 놀라울 정도로 높아. 무려 96퍼센트를 넘지. 키바의 대출 상환 비율이 이렇게 높은 이유는 돈을 빌린 사람들을 응원해 주는 사람이 있기 때문이야.

돈을 빌려준 사람은 키바 사이트에서 대출자와 실시간으로 연락을 주고받을 수 있어. 그들은 대출자가 성공하기를 응원하면서 항상 용기를 북돋워 주지. 대출자는 금전적 지원과 정서적 지원을 동시에 받기 때문에 성공할 확률이 높고, 자연스레 대출 상환 비율도 높을 수밖에 없는 거야.

키바의 희망 선물은 꾸준히 성장하는 중!

키바는 시작하자마자 놀라운 성공을 거두었어. 키바는 금세 소액 대출이 가장 많은 사이트가 되고, 수많은 뉴스에 소개되었지. 2006년에는 《뉴욕타임스》가 선정한 '올해의 최고 아이디어' 가운데 하나로 뽑히기까지 했어. 자신의 아주 작은 돈이 큰 도움이 될 수 있다는 사실에 많은 사람이 공감하고 참여한 결과였어.

키바는 사업을 시작한 지 4년 만에 후원자를 25만 명이나 확보하고, 40여 개 나라에 1,200만 달러를 대출해 줄 수 있었어. 더욱 놀라운 일은 10년 만에 대출금이 7억 7,500만 달러로 폭발적으로 늘어났고, 후원자는 130여 만 명, 대출자는 180여 만 명으로 늘었다는 사실이야.

또한 키바는 2012년부터 기업과 협력 관계를 맺었어. 여기에는 휴

렛팩커드, 펩시, 구글을 비롯한 세계적인 기업들이 참여해서 많은 돈을 후원하고 있어.

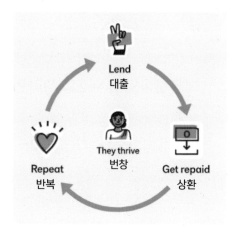

현재 키바는 전 세계 80개국에서 200만 명이 넘는 후원자를 확보했으며, 400만 명이 넘는 대출자에게 희망의 돈을 선물했어. 그 금액은 자그마치 20억 달러가 넘는다고 해.

키바의 핵심 역할은 사람들을 연결하고, 대출해 주고, 빈곤을 줄이는 일이야. 키바는 이렇게 단순한 역할로 희망을 선물하여 가난한 여러 이웃의 삶을 바꾸어 가고 있어.

무하마드 유누스와 그라민은행

 1974년, 방글라데시에 큰 기근이 들어 많은 사람이 굶어 죽었어. 미국에서 박사 학위를 받고 고향으로 돌아와 치타공대학교 경제학과 교수로 재직하고 있던 무하마드 유누스는 이때 큰 충격을 받았어. 사람들은 죽어 가는데, 자기가 가르치는 경제학은 아무 도움도 되지 못했기 때문이야. 그는 가난이라는 문제를 해결해 보고 싶은 생각에 빈민촌을 방문해서 어느 여인의 이야기를 들었어.

 그 여인은 대나무 의자를 만들어 먹고살았어. 대나무 의자 하나를 만들어서 받는 돈이 24센트인데, 재료비 22센트를 빼면 실제로 버는 돈은 2센트에 불과했지. 재료를 직접 구입해서 시장에 팔면 이익을 더 낼 수 있지만, 재료 살 돈이 없는 그 여인은 대나무 의자를 중간 상인에게 24센트에 넘기는 조건으로 재료를 22센트에 공급받았던 거야. 22센트가 없어서 그 여인은 가난에서 벗어날 수 없었지.

 이런 이야기를 듣고 유누스는 가난한 사람들에게 돈을 빌려주는 은행을 만들어야겠다고 결심했지. 1976년, 그는 담보 없이 무이자로 소액을 대출해 주는 '그라민은행'을 설립했어. 그 뒤로 은행 규

무하마드 유누스 그라민은행 총재

모가 점점 커지면서 1983년에는 정식으로 법인 은행이 됐어. 그라민은행이 설립된 이후, 이 은행에서 소액을 대출해 수백만 명이 삶을 바꾸었어. 뿐만 아니라 그라민은행의 소액 대출 방식이 전 세계로 퍼져 나가 빈곤 퇴치에 크게 기여했어.

　이런 공로를 인정받아 무하마드 유누스와 그가 설립한 그라민은행은 2006년에 노벨 평화상을 공동으로 수상했어. 그 밖에도 막사이사이상, 세계 식량상, 서울평화상 등을 받았지.

제3장

자연과
환경 보호를 위한
엔지오

지구의 환경과 평화 지킴이,
그린피스

GREENPEACE

❶ 설립 연도 : 1971년
❷ 본부 : 네덜란드 암스테르담
❸ 주요 활동 : 핵 실험 반대 운동, 자연 보호 운동, 환경 보호 운동
❸ 특징 : 세계 최대의 환경 보호 단체

핵을 반대하는 단체로 시작한 그린피스

제2차 세계 대전 중 일본에 떨어진 원자 폭탄은 인류가 한순간에 멸망할 수 있다는 것을 보여 주었어. 그런데 그 뒤에 많은 나라들이 오히려 더 강력한 핵폭탄을 개발하는 데 열을 올렸어. 핵폭탄만 있으면 강대국 지위를 누리며 큰 목소리를 낼 수 있었기 때문이야.

세계가 이렇게 핵폭탄 개발에 열을 올리자, 이러다가는 지구 멸망이라는 최악의 상황이 올 수 있다는 위기감이 커졌어. 이때부터 핵 개

발을 금지하자는 주장이 나오긴 했지만,
일부 국가에서 비밀리에 핵 실험을 강행
하는 경우가 많았어.

그러자 몇몇 뜻있는 사람들이 단체를
만들어 핵 실험에 반대하는 운동을 펼치
기 시작했어. 1970년, 어빙 스토와 짐 볼런 등이 중심이 되어 만든 반
핵 단체 '해일을 일으키지 말라 위원회(Don't Make a Wave Committee)'
가 그 출발이었어. 핵 실험은 보통 바다 먼 곳에서 하기 때문에 핵이
폭발하면 마치 태풍이 오는 것처럼 거대한 해일이 일어나. 그러니까
'해일을 일으키지 말라'는 핵 실험을 하지 말라는 간접적인 의미인 셈
이지.

그런데 '그린피스(Greenpeace)'라는 이름은 어떻게 지어졌을까? 그
린피스라는 명칭은 이들이 1971년 미국 알래스카주의 암치카섬에서
실시한 핵 실험에 반대하는 시위 과정에서 지어졌어. 미국은 1971년
에 알래스카의 암치카섬에서 핵 실험을 했어. 그러자 어빙 스토, 짐
볼런을 비롯한 환경 운동가 12명이 핵 실험에 반대하는 시위를 하기
위해 작은 배를 빌려 암치카섬으로 향했어. 이때 그 배에 '그린피스'
라고 적힌 녹색 깃발이 걸려 있었는데, 그것이 자신들의 행동과 잘 어
울린다고 생각하여 그대로 단체 이름으로 정했어('그린피스'는 그린피스

공동 창립자 가운데 한 명인 빌 다넬이 녹색의 지구와 평화를 결합해서 만들어 낸 이름).

환경 운동가 12명은 미국 해군의 방해로 섬까지 가지는 못했어. 그렇지만 그들의 활동이 세상에 알려지면서 많은 사람의 호응을 얻었고, 그 호응에 힘입어 1971년에 그린피스를 설립했

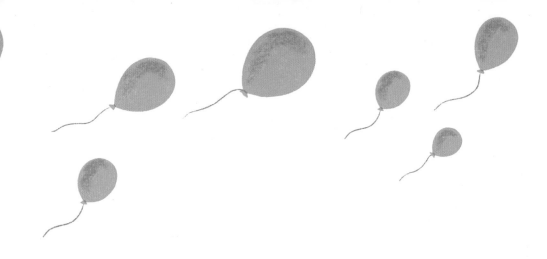

지. 그 뒤 미국은 암치카섬에서 하는 핵 실험을 중단하고 그 섬을 조류 보호 구역으로 지정했어. 그린피스 회원들이 이루어 낸 성과였지. 또한 그린피스 회원들의 활동 덕분에 세계는 '포괄적 핵 실험 금지 조약' 등을 만들어 핵 확산을 막기 위해 노력하게 되었어.

그리피스, 지구의 환경 보호에 앞장서다

그린피스가 핵 실험 반대 운동에서 벗어나 처음으로 벌인 활동은 고래잡이 반대 시위였어. 로버트 헌터는 1971년 암치카섬의 핵 실험 반대 시위에도 참여했던 환경 담당 기자 출신 인물로, 멸종 위기에 놓인 고래를 보호하기 위해 고래잡이 반대 운동을 시작했어. 그는 그린피스를 이끈 두 번째 회장이기도 해.

1975년, 2만여 명의 환송을 받으며 캐나다 밴쿠버를 출항한 '그린피스 1호'는 미국 캘리포니아 연안에서 소련의 포경선(고래잡이배)을 발견했어. 그린피스 회원들은 작은 고무보트를 타고 포경선의 고래잡이를 방해했지만, 선원들은 아랑곳하지 않고 고래에게 작살을 쏘아 댔어. 회원들은 작살에 맞을 수도 있는 위험을 무릅쓰고 고래가 참혹하게 죽어 가는 모습을 전부 촬영해서 세상에 공개했어. 그 장면을 본 사람들은 모두 분노했고, 그 뒤로 많은 사람이 고래잡이 반대 시위에 동참하게 되었어. 지금은 연구 목적이 아닌 상업적 목적의 고래잡이를 사실상 금지하고 있어.

그린피스의 활동이 세상에 크게 알려진 데에는 1985년 7월 10일에 일어난 '레인보 워리어호' 폭파 사건이 계기가 되었어. 레인보 워리어호는 그린피스가 소유한 선박으로, 그린피스 회원들은 이 배를 타고 프랑스의 핵 실험 기지에서 시위를 벌일 예정이었어. 그들은 1985년 8월 6일을 시위 예정일로 정했어. 이날이 히로시마에 원자 폭탄이 투하된 지 40년이 되는 날이었기 때문이지. 그런데 뉴질랜드 오클랜드 항에 정박해 있던 레인보 워리어호가 시위 예정일을 한 달 앞두고 폭발해 버린 거야.

조사 결과 이 폭발 사건의 배후가 프랑스라는 사실이 밝혀지면서 프랑스 국방부 장관은 자리에서 물러났지. 이 사건으로 그린피스의 이름이 전 세계에 알려지면서 많은 사람이 활동에 동참했어.

그린피스의 활동

활동 내용	화학 폐기물과 방사능 폐기물을 바다에 버리지 못하게 알리는 활동
	환경 보호를 위반한 나라의 제품 불매 운동
	파괴적인 어업 활동을 막고, 전 세계에 해양 보호 구역 형성을 위해 노력
	다양한 동식물과 인류의 공존을 위해 원시림 보호 활동
	위험한 화학물질을 안전한 물질로 대체하게 히는 활동
	지속 가능한 농업을 위해 유전자 조작 식품 거부 운동
	생물 다양성을 보장하는 농업 환경을 만들기 위해 노력
	세계 평화를 위해 각국의 군비 축소를 촉구하는 활동
	핵무기 철폐를 요구하는 활동

지구의 환경 보호는 그린피스와 함께!

그린피스는 본래 핵을 반대하는 단체로 출발했지만, 점차 지구의 환경을 보호하고 평화를 증진하는 단체로 발전해서 지금은 세계 최대 환경 보호 단체로 성장했어. 그린피스는 지구의 환경 보호를 가장 중요하게 여기고 그 일에 최선을 다하고 있어. 전 세계에 있는 그린피스 사무소는 지구의 환경을 보호하고자 하는 그린피스의 핵심이라고 할 수 있지.

그린피스는 네덜란드 암스테르담에 본부를 두고, 유럽 · 아메리

2024년 3월, 오스트리아 빈에서 열린 가스 산업 반대 행진에 그린피스 활동가들이 참여했다.
©Rafael Bittermann

카 · 아시아 · 아프리카 · 태평양 지역에 걸쳐 25개 국가/지역 사무소
(각 국가/지역 기구에는 여러 개의 국가 사무소가 있다)와 함께 회원 300만
명이 활동하고 있어.

그린피스는 활동의 독립성을 지키기 위해 개인의 후원이나 독립적
인 재단의 기부만 받고 있어. 정부나 기업의 도움은 일절 받지 않지.
우리나라에서는 2011년 6월에 그린피스 서울 사무소가 설립되어 원
자력 반대, 해양 생태계 보호 운동, 참치 살리기 캠페인 같은 활동을
펼치고 있어.

부분적 핵 실험 금지 조약과 포괄적 핵 실험 금지 조약

'부분적 핵 실험 금지 조약'은 대기권이나 우주 공간 그리고 수중에서 핵무기 실험을 금지하자는 조약이야. 미국, 영국, 소련이 주도하여 1963년 8월 모스크바에서 체결됐어.

핵 실험을 하고 나면 언제나 방사성 물질이 나오게 돼. 이 물질은 시간이 한참 흘러도 없어지지 않고 사람뿐 아니라 모든 동식물에게 큰 피해를 입히지. 세계는 핵 실험이 인류의 생명을 위협하고 환경을 파괴한다는 사실을 깨달았어. 그래서 핵 실험을 금지하자는 논의를 한 끝에 '부분적 핵 실험 금지 조약'을 맺었어. 그런데 지하에서 하는 핵 실험은 이 조약에서 제외되었어. 그때까지만 해도 지하에서 하는 핵 실험은 큰 피해가 없다고 판단했기 때문이야.

이 조약에는 많은 나라가 서명했지만, 그 무렵 핵무기 보유에 열중한 프랑스와 중국 등 일부 나라는 가입을 꺼렸어. 지하에서 핵 실험을 하면 그나마 인명 피해나 환경 오염이 덜하겠지만, 이 나라들은 지하에서 핵 실험을 할 정도의 기술력은 갖추지 못했기 때문이야. 반면에 지하 핵 실험 기술력이 있는 미국, 영국, 소련은 계속해서 지하 핵 실험을 강행했지.

강대국의 지하 핵 실험이 늘어나자, 세계는 지하까지 포함한 모든 장소에서 핵 실험을 금지하자고 다시 제안했어. 이 제안은 세계 모든 국가가 가입하게 하려고 유엔이 주도했지. 이렇게 해서 1996년에 체결된 조약이 바로 '포괄적 핵 실험 금지 조약'이야.

그런데 이 조약은 아직 발효되지 못하고 있어. 핵 시설을 보유한 여러 나라가 자국의 이익을 위해 서명 또는 비준을 하지 않는 탓이야(이 조약은 핵 시설을 보유한 전 세계 44개국이 모두 서명하고 비준해야 발효될 수 있다).

1963년 10월 7일, 당시 미국 대통령 케네디가 핵 실험 금지 조약에 서명하고 있다.

세계 야생 동식물의 수호자,
세계자연기금

❶ 설립 연도 : 1961년
❷ 본부 : 스위스 글랑
❸ 주요 활동 : 야생 동물 보호, 생태계 보전, 기후 변화 대응
❸ 특징 : 세계 최대 규모의 자연 보전 기관

줄리언 헉슬리의 야생 동물 보호 운동

 '세계자연기금(World Wide Fund for Nature, WWF)'은 1961년에 설립된 세계 최대의 자연 보전 기관이야. 설립 당시에는 '세계야생동물기금(World Wildlife Fund)'이라는 이름으로 활동하다가, 1986년에 지금의 이름으로 바꾸었어.

 세계자연기금이 만들어진 데에는 줄리언 헉슬리 경의 공이 컸어. 줄리언 헉슬리는 1887년 영국 런던에서 태어났어. 헉슬리의 할아버지는 유명한 생물학자인 토머스 헉슬리이고, 아버지는 레너드 헉슬리라는 작가야. 또한 그의 동생은 《멋진 신세계》를 쓴 작가 올더스 헉슬리이고, 이복동생은 노벨상을 받은 생물학자 앤드루 헉슬리야.

줄리언 헉슬리 경

헉슬리는 이튼고등학교와 옥스퍼드 대학교를 졸업하고 발생학, 조류학, 생태학 등의 분야에 중요한 업적을 남겼어. 대학교를 졸업한 뒤에는 미국으로 건너가 휴스턴에 있는 라이스 연구소에서 일했어.

미국에서 귀국한 헉슬리는 모교인 옥스퍼드대학교에 잠시 근무하다가 런던대학교에서 동물학 교수로 재직했어. 그 뒤에는 런던 동물원 원장, 유네스코 초대 사무총장으로 일하기도 했어.

헉슬리는 유전학과 발생학, 조류의 행동, 동물의 상대 성장을 다룬 연구로 많은 업적을 남겼지. 특히 과학 계몽서를 많이

세계자연기금의 로고는 멸종 위기종인 판다 '치치'를 모델로 했다. 멸종 위기에 놓여 있고, 많은 사람에게 사랑받으면서 호소력이 강해야 하며, 아울러 흑백으로 인쇄해도 특징이 잘 드러나야 한다는 조건을 잘 충족한 동물이 바로 판다이다. 환경 보호와 비용 절감을 위해 흑백 인쇄물을 많이 사용할 것을 고려한 로고이다.

출판해 과학을 대중화한 사람으로 유명해. 그는 이런 연구 업적을 인정받아 1958년에 기사 작위를 받았어.

　1960년, 유네스코의 요청으로 아프리카를 방문한 헉슬리는 사냥꾼들 손에 죽어 가는 야생 동물을 목격했어. 그는 런던으로 돌아오자마자 야생 동물을 보호해야 한다는 내용의 글을 신문에 기고했어. 많은 사람이 헉슬리의 주장을 지지하자, 헉슬리는 자기와 뜻을 같이하는 사람들과 함께 1961년에 야생 동물을 보호하는 단체를 만들었어. 이 단체가 바로 세계자연기금의 전신인 세계야생동물기금이야.

　세계야생동물기금은 자연과 해양 보호 구역을 설치하고 포경(고래

잡이)과 상아(코끼리의 엄니) 교역을 제한하는 국제 협정 체결 등의 성
과를 올렸어. 1973년에는 세계야생동물기금과 여러 환경 단체의 노
력에 힘입어 '멸종 위기에 처한 야생 동식물의 국제 교역에 관한 협약
(워싱턴 협약)'이 체결되었어. 그 덕에 많은 야생 동식물이 보호받을 수
있게 되었지.

　1981년, 세계야생동물기금은 영국 여왕 엘리자베스 2세의 남편인
필립 공이 총재에 취임한 뒤로 야생 동물 보호에만 머무르지
않고 생태계 보존과 환경 오염 방지, 자연 자원의 효과적
이용 등으로 활동 범위를 넓혔어.

이처럼 활동 범위가 넓어지자 세계야생동물기금이라는 명칭이 단체의 활동 영역을 모두 반영하지 못한다는 판단에 따라 1986년 현재의 세계자연기금으로 이름을 바꾸었어. 그런데 세계자연기금이라는 명칭이 전 세계 약 15개 언어로 번역되면서 혼란이 생겼어.

2001년, 세계자연기금은 이런 혼란을 막기 위해 1961년부터 꾸준히 알려져 온 영어 약자 'WWF'로 국제 명칭을 통일하기로 했어.

세계자연기금의 활동

연도	활동 내용
1960년대	560만 달러 재원 마련, 갈라파고스섬 연구 기지 설립, 흰코뿔소 서식지 확장, 남아프리카 야생 동식물 조사, 스페인 과달키비르 델타 습지 매입
1970년대	환경을 위협하는 근본적인 요인 제거 활동, 습지에 관한 18개국 정부 간 협약 이끌어 냄, 호랑이 보존을 위해 각국 정부와 협력, 열대우림 보호 사업, 멸종 위기종 거래에 관한 규제 활동
1980년대	6개 대륙에 걸쳐 지구 면적의 1퍼센트에 이르는 보호 구역 조성, 상업적 포경 금지 활동, 중국 정부의 자이언트 판다 보전 계획 협력
1990년대	생물 다양성의 중요성과 기후 변화의 위험성 강조 활동, 생물 다양성 협약 수립 기여, 탄소 배출 감축을 위한 국제적인 협력, 《지구 생명 보고서》 창간, 콩고 분지 산림 지역 보전 활동

생태 발자국을 줄이자

2000년대에 들어 세계자연기금은 인류의 '생태 발자국'을 줄이는 일에 가장 중점을 두고 애쓰고 있어. 생태 발자국이란 자원을 재생산하거나 이산화탄소 같은 인류의 배출물을 흡수하는 데 필요한 생산성이 있는 면적을 말해. 좀 더 쉽게 말하면 인간이 살아가기 위해 소비하는 면적이야. 이렇게 소비하는 면적, 즉 생태 발자국이 자꾸 늘어나면 인간은 지구상에서 살아갈 만한 모든 공간을 잃어버려 멸망할 수밖에 없어.

생태 발자국과 매우 밀접하게 관련된 용어가 하나 있어. 바로 '생태 용량'인데, 생태 용량은 자원을 재생산하거나 이산화탄소 같은 인류의 배출물을 흡수하는 역할을 할 수 있는 생산성이 있는 면적을 뜻해. 쉽게 말해 인간의 소비가 가능한 면적이야. 생태 발자국은 수요 측면에서 계산한 용어이고 생태 용량은 공급 측면에서 계산한 용어야.

만약 생태 발자국이 생태 용량보다 더 크게 나타난다면 인류는 심각한 위험에 맞닥뜨릴 수밖에 없어. 그런데 지금 우리 인간은 생태 용량을 초과하여 소비하고 있는 실정이야. 지금과 같은 수

물 절약 캠페인도 세계자연기금의
주요 활동 가운데 하나이다.

준의 소비를 충족하려면 지구가 1.7개 필요하다는 연구 결과가 나오기도 했지.

그래서 세계자연기금은 지금까지 쌓아 온 모든 전문 역량과 전 세계의 네트워크를 집중해 생물 종을 보전하고, 생태 발자국을 줄이기 위해 노력하고 있어. 아마존 지역을 지키기 위한 대규모 전략, 해양지대 수호, 세계 최대의 환경 운동 이벤트인 지구촌 전등 끄기(어스아워) 캠페인 등이 생태 발자국을 줄이고자 하는 활동이야.

세계자연기금의 규모와 역할

세계자연기금은 스위스 글랑에 있는 본부를 비롯하여 4개 지역 허브(글랑, 싱가포르, 영국 워킹, 케냐 나이로비)와 80여 개국에 지사를 두고 있어. 각국의 지사는 전 세계 100여 개국에서 글로벌 네트워크를 만들어 600만 명 이상의 후원자들과 함께 지구의 자연환경을 보전하고, 인간이 자연과 조화롭게 살아가는 미래를 만들기 위해 활발한 활동을 펼치고 있어.

세계자연기금은 지금까지 1만 3천여 개 환경 프로젝트에 100억 달러 가까이를 투자했어. 지금도 한 번에 약 1,300개의 프로젝트를 수행하고 있지. 활동 범위도 넓어졌어. 초기에는 개별 종이나 서식지를 보존하기 위해 지역 차원에서 노력했다면, 지금은 전 세계의 생물 다양성을 보전하고 지속 가능한 발전을 이루기 위해 애쓰고 있어. 우리나라에서는 2014년에 한국 WWF를 설립하고 본격적인 활동을 시작했어.

멸종 위기에 처한 야생 동식물의 국제 교역에 관한 협약(워싱턴 협약)

'멸종 위기에 처한 야생 동식물의 국제 교역에 관한 협약(Convention on International Trade in Endangered Species of Wild Fauna and Flora : CITES)'은 멸종 위기에 놓인 야생 동식물을 사로잡거나 채취하여 거래하고자 할 때 수출입 허가 제도로 규제함으로써 야생 동식물의 생태계를 보호하기 위해 체결한 조약이야. 1973년 3월 워싱턴에서 열린 국제회의에서 채택했기 때문에 '워싱턴 협약'이라고도 해.

1975년 7월에 발효된 이 협약에는 현재 전 세계 183개국이 가입했어. 우리나라는 1993년 7월에 이 협약에 가입했지. 세계적으로 규제하는 동식물은 3만 8천여 종(동물 6천여 종, 식물 3만 2천여 종)이라고 알려져 있어.

워싱턴 협약에서는 야생 동식물을 멸종 위기 정도에 따라 세 단계로 구분하여 차등 규제하고 있어. 이 협약 당사국은 규제받는 야생 동식물이나 그것을 포함하는 제품을 수출·수입하려면 출처를 확인할 수 있는 서류를 권한 있는 정부 기관에 미리 제출하여 허가를 받아야 해.

워싱턴 협약에서는 살아 있는 야생 동식물만 규제하는 것이 아니라 동식물과 관계된 것도 규제하고 있어. 예를 들면 동식물의 박제나 표본, 조류의 알이나 동물의 뼈 같은 신체 부위, 모피 코트 등도 모두 규제 대상이야.

세계자연기금의 '어스아워' 캠페인

'어스아워(Earth Hour)'는 세계자연기금이 공식으로 주관하는 세계 최대의 자연 보전 캠페인이야. 인간이 지구와 자연에 저지른 나쁜 행동을 반성하고, 지구를 보전하고 지구를 위한 시간을 주자는 뜻에서 1시간 동안 전등을 끄는 캠페인이야.

어스아워에는 우리가 일상생활에서 실천할 수 있는 작은 행동을 통해 불필요한 에너지 소비를 줄이자는 의미가 담겨 있어. 우리 사회가 기후 변화에 적극 대응해 지구와 자연을 보존해 가기를 바라는 의미도 포함되었지.

2007년 호주 시드니에서 처음 시작한 어스아워는 매년 3월 마지막 토요일에 현지 시각으로 오후 8시 30분부터 9시 30분까지 1시간 동안 진행하는 글로벌 캠페인이야. 개인이나 기업, 지역 사회, 단체 등 누구나 참여할 수 있어. 불필요한 전등을 끔으로써 자연 보전에 한 걸음 더 다가가는 자발적인 참여 캠페인이지.

어스아워 캠페인을 매년 3월 마지막 토요일에 하는 이유는 1년 중 3월 말쯤이 북반구와 남반구에서 낮의 길이가 같은 춘분과 추분이 동시에 일어나는 시기이고, 전 세계적으로 같은 시간대에 해가 지기 때문이야.

지구를 지키는 가장 손쉬운 방법이라고 할 수 있는 어스아워 캠페인은 파리의 에펠탑, 시

'어스아워' 캠페인 로고

드니의 오페라하우스, 런던의 버킹엄 궁전, 남산서울타워 등 전 세계의 랜드마크에서 펼쳐져. 이 캠페인에는 정부 기관과 주요 기업들도 동참하고 있어.

교토 의정서와 파리 기후 변화 협약

지구 온난화 문제를 해결하려는 국제 사회의 노력이 결실을 맺은 것이 바로 '교토 의정서'와 '파리 기후 변화 협약'이야.

교토 의정서는 1992년에 브라질의 리우데자네이루에서 맺은 '기후 변화 협약'을 구체적으로 실행해서 만든 조약이야. '교토 기후 협약'이라고도 해 (1997년에 체결되어 2005년에 발효됨).

지구 온난화 문제를 해결하기 위해 세계가 감축해야 하는 온실가스는 이산화탄소·메탄·아산화질소·과불화탄소·수소불화탄소·육불화황 여섯 가지인데, 이 중에서 이산화탄소가 가장 큰 비중을 차지하지. 의정서에서는 온실가스를 많이 배출하는 선진국은 2012년까지 1990년대 수준과 비교하여 온실가스 배출량을 5.2퍼센트 줄여야 한다고 정해 놓았어. 국가별로 보면 유럽 연합 8퍼센트, 미국 7퍼센트, 일본 6퍼센트를 감축해야 해. 러시아는 줄이지 않아도 되고, 노르웨이와 호주 등은 지금보다 배출량이 늘어나도 괜찮은 나라로 분류됐어.

교토 의정서는 각 나라가 줄여야 하는 온실가스의 양을 구체적으로 제시하여 지구 환경을 지키려는 조약이었는데, 일부 나라는 배출량을 줄일 경우

자기 나라 경제가 어려워진다는 이유로 가입하지 않았어.

'파리 기후 변화 협약'은 2020년에 기한이 끝난 교토 의정서를 대체하기 위해서 맺은 조약이야. 2015년 12월, 프랑스 파리에서 열린 유엔 기후 변화 협약 당사국 총회는 2주 동안 협상한 끝에 '파리 기후 변화 협약'을 195개 참가국의 만장일치로 채택했어. 이 협약은 2016년 11월에 발효되고, 2020년에 교토 의정서가 만료되면서 2021년부터 적용됐어.

'파리 기후 변화 협약'은 온실가스 감축 의무를 선진국에만 부과한 교토 의정서와 달리 전 세계 195개국이 모두 온실가스 감축에 동참하기로 한 최초의 조약이야. 온실가스 배출 1, 2위인 중국과 미국의 참여를 이끌어 냈다는 데 큰 의미가 있는 조약이지(미국은 2017년에 협약에서 탈퇴했다가 2021년에 다시 가입).

'파리 기후 변화 협약'에서는 산업화 이전에 견주어 지구 기온의 상승 폭을 2도보다 낮게 유지하고, 더 나아가 온도 상승을 1.5도 이하로 제한하기 위해 각 나라가 노력하기로 합의했어. 구체적으로는 나라마다 온실가스 감축 목표를 정해서 실천하고, 2023년에는 종합적으로 점검하며, 5년에 한 번씩 온실가스 감축 목표서를 제출하기로 했어.

제4장

인간과
인권을 위한
엔지오

약하고 소외된 사람을 지켜 주는 촛불,
국제앰네스티

AMNESTY INTERNATIONAL

❶ 설립 연도 : 1961년

❷ 본부 : 영국 런던

❸ 주요 활동 : 양심수 석방, 고문 추방, 사형제 폐지, 난민 보호, 여성에 대한 폭력 추방, 표현의 자유, 아동 인권, 기후정의, 차별 금지 등

❸ 특징 : 세계 최대의 인권 보호 단체

국제앰네스티란?

국제앰네스티(Amnesty International)는 국가 권력에 의해 갇힌 양심수들을 도우려고 설립한 단체야. 국제앰네스티는 '국제 사면 위원회'라고도 해. 죄를 용서하여 형벌을 면제해 준다는 뜻으로 쓰는 '사면'이라는 단어의 영어 표현이 '앰네스티(amnesty)'야.

그런데 양심수는 어떤 사람을 가리킬까? 양심수란 '사상이나 신념을 내세워 행동한 이유로 투옥되거나 구금된 사람'을 말해. 이런 양심

수들을 위해 설립된 국제앰네스티는 지금은 양심수뿐만 아니라 인권을 침해받고 있는 전 세계 모든 사람의 인권을 보호하기 위해 활동하고 있어.

피터 베넨슨이 설립한 국제앰네스티

피터 베넨슨은 1921년 7월 영국 런던에서 태어났어. 태어날 때 이름은 피터 제임스 헨리 솔로몬이야. 그의 어머니 플로라 솔로몬은 러시아계 유대인으로 열렬한 사회 운동가였어. 또한 어머니는 미국 대통령 프랭클린 루스벨트의 부인인 엘리너 루스벨트와 친구 사이였다고 해.

베넨슨의 할아버지는 러시아 제국 시절 억만장자였는데, 1917년 러시아에서 혁명이 일어나자 영국으로 이주했어. 아버지는 영국에서 정부 관리로 일했어. 베넨슨은 어머니의 교육열 덕분에 이튼고등학교를 졸업하고 옥스퍼드대학교에서 역사학을 전공했어.

1936년에 스페인 내전이 일어나자, 16세에 불과했던 베넨슨은 내전으로 고통받는 전쟁고아를 돕는

국제앰네스티 로고는 억압 속에서도 연대하여 희망을 밝힌다는 뜻을 담고 있다. 철조망은 국가 권력의 억압을 상징하고, 촛불은 인권의 어두운 곳을 밝힌다는 의미이다. 노란색은 긴급 상황과 희망을 상징한다.

사회 운동을 시작했어. 제2차 세계 대전 때는 독일의 히틀러 정권을 피해 탈출한 많은 유대인을 영국으로 데려오는 운동에도 참여했지.

제2차 세계 대전 중에는 영국 정보부에서 일했고, 전쟁이 끝난 뒤에는 변호사로 영국 노동당에 가입해 활동했어. 1950년대에는 노동당의 변호사로 활동하면서 다른 나라의 인권 운동에도 앞장섰어.

베넨슨이 국제앰네스티를 설립한 계기는 포르투갈 리스본에서 벌어진 어처구니없는 사건 때문이었어. 1960년, 포르투갈을 통치하고 있던 독재 정권은 대학생 두 명이 술집에서 자유를 위해 건배했다는 이유로 7년형을 선고했어. 이 기사를 본 베넨슨은 이들을 구하기 위해 영국 신문에 칼럼을 기고했어. 베넨슨의 칼럼을 읽고 많은 사람이 뜻을 같이하기로 하면서 1961년에 국제앰네스티가 탄생한 거야.

이때부터 베넨슨은 세계 각국에서 일어나는 인권 침해에 대항해 다 같이 목소리를 내자고 외쳤지. 그는 정치범 석방, 수감자 처우 개선, 고문 금지, 사형제 폐지, 공정한 재판 같은 인권 운동에 전념했어.

국제앰네스티 설립 20주년 기념식에 참여한 피터 베넨슨. 그가 밝힌 촛불 하나가 온 세상을 밝히는 빛이 되었다.
©Raoul Shade

베넨슨은 1967년에 모든 공직에서 물러나 자기 농장에서 일하며 여생을 보냈어. 말년에는 강연을 하거나 회원들에게 편지를 쓰면서 지내다가 2005년에 세상을 떠났어.

국세앰네스티의 대표적인 활동

❶ 양심·사상·표현의 자유 보장 촉구

지구상에 사는 모든 사람에게는 양심·사상·표현의 자유가 있어. 세계 인권 선언에서도 '모든 사람은 의견과 표현의 자유를 누릴 권리가 있다.'고 규정하고 있지. 인간은 범죄를 저지르지 않는 이상 자기 신념에 따라 행동할 자유, 자기 양심에 따라 행동할 자유가 있어.

많은 나라가 양심·사상·표현의 자유를 헌법에 보장하고 있어. 그렇지만 현실에서는 이런 자유가 제대로 지켜지지 않고 있어. 때로는 정부가 시민을 탄압하고 감옥에 가두기도 해. 예를 들면 말레이시아의 만화가 주나르는 정부를 풍자하는 그림을 트위터에 올렸다가 43년형을 구형받았지.

국제앰네스티는 양심·사상·표현의 자유를 억압하는 나라의 법률과 관행을 바꾸기 위해 노력하고, 지구상의 모든 양심수가 석방될 수 있게 최선을 다하고 있어.

❷ 고문 금지 운동

고문은 어떤 이유로도 정당화할 수 없는 행동이야. 인간이 같은 인간을 고문한다는 것은 아주 야만적이고 비인간적인 행동이기 때문이지. 고문은 예전보다 많이 없어졌지만, 여전히 많은 나라에서 정치적 반대자를 처벌하고 협박하는 목적으로 행해지고 있어.

멕시코 인권 위원회는 2000년부터 2013년까지 연방 공무원이 자행한 고문이 7천 건을 넘는다고 발표했어. 필리핀에서는 경찰관이 재미로 고문 방법을 정하고, 고문하는 게임이 발견되기도 했어. 유엔에서 '고문 금지 조약'을 채택한 지 30년이 지났는데도 많은 국가에서 암암리에 고문이 자행되고 있지.

국제앰네스티는 잔혹한 고문이 실행되고 있는 나라에 고문 금지를 촉구하는 활동을 펼치면서 지구상에서 고문이 사라질 수 있도록 열성적으로 일하고 있어.

❸ 사형제 폐지 운동

사형은 생명권을 침해하는 몹시 잔인하고 비인도적인 형벌이야. 그런데 아직도 많은 나라에서 사형을 집행하고 있어. 사형을 집행하는 나라는 사형이 효과적인 치안 방법이라고 주장해. 그러나 사형이 다른 형벌에 견주어 범죄 발생률을 더 낮춘다는 증거는 없어. 국제앰네스티는 절차상의 문제나 잘못된 판단으로 억울한 사람이 사형당할 수도 있고 정치적으로 악용될 수도 있기 때문에 사형제에 반대해.

1977년에 국제앰네스티가 사형제 폐지를 촉구하기 시작했을 때, 법률적 또는 실질적으로 사형제를 폐지한 국가는 16개 나라였어. 오늘날에는 140여 개국에서 법률적으로 사형제를 폐지하거나 실질적으로 사형을 집행하지 않아. 우리나라는 1997년 12월 30일에 마지막 사형을 집행한 이래 단 한 번도 사형을 집행하지 않아서 2007년부터 '실질적 사형 폐지국'으로 분류되고 있어. 그렇지만 법률상으로는 사형제가 존재하여 계속 사형이 선고되고, 수십 명이 넘는 사형수가 죽음을 기다리고 있는 상황이야.

국제앰네스티는 사람의 생명을 빼앗는 잔인한 사형제가 남아 있는 국가에 사형제 폐지를 꾸준히 촉구하고 있어.

❹ 난민과 이주민들의 인권 보호

난민이란 인종, 종교, 국적, 정치적 의견 등을 이유로 가해지는 인권 침해에서 벗어나기 위해 모국을 떠나는 사람을 가리켜. 이들은 정부가 보호하지 못하거나 보호할 생각이 없을 때, 국제적인 보호를 받아야 하는 처지에 놓인 사람들이야.

이주민은 자발적으로 이동하기도 하고 경제적 곤궁이나 다른 문제 때문에 이동하기도 해. 다른 국가에서 생활하기 위해 합법적으로 승인받아 이주하기도 하고 해당 국가의 승인 없이 일하며 살기도 하지. 모든 사람은 전쟁과 고문, 폭력을 피해 다른 나라에서 피난처를 구하고 보호받을 권리가 있어.

그런데 오늘날 난민은 열악한 수용 시설, 강제 송환, 인신매매, 인종 차별 등 온갖 인권 침해를 당하고 있어. 예를 들어 아프리카에서 유럽으로 가려는 수천 명의 난민은 지중해를 건너려다 목숨을 잃거나 실종되었어. 미얀마는 소수 민족인 로힝야족을 불법 이민자라고 몰아 모든 면에서 차별하고 박해했으며, 심지어 죽이기까지 했어.

이에 국제앰네스티는 난민과 이주민이 안전하게 이동하고 재정착할 수 있게 도와주고, 이들이 착취나 인신매매를 겪지 않도록 해당 정부에 강력히 경고하는 활동을 하고 있어.

❺ 그 밖의 활동

국제앰네스티는 분쟁 지역에 사는 민간인을 보호하고, 평화적인 집회·시위의 자유를 보장하라고 촉구하는 활동도 펼치고 있어. 또한 전 세계 여성에게 가해지고 있는 성차별, 성폭력을 없애기 위해 힘쓰고 있지. 나아가 국가 안보를 구실로 삼아 행해지는 모든 조치가 반드시 인권을 침해하지 않는 방식으로 이루어지게끔 촉구하고, 세계 각국에서 인권 활동을 하는 '인권 옹호자'를 보호하는 활동도 하고 있어.

국제앰네스티가 매년 이어가고 있는 대표적인 활동으로는 '인권을 위한 편지쓰기'가 있어. 2001년 12월 10일 세계 인권 선언의 날, 폴란드에서 국제앰네스티 회원 몇 명이 세계 인권의 날을 기념하고자 24시간 편지쓰기 마라톤을 개최한 것이 그 시작이었지. 이렇게 평범한 사람들의 자발적인 운동으로 시작한 국제앰네스티 편지쓰기 캠페인은 이제 매년 200개국 이상의 나라에서 5백만 명이 넘게 참여하는 세계에서 가장 큰 규모의 글로벌 인권 캠페인이 되었어.

참여자들은 편지쓰기를 통해 인권을 침해당한 이들에게 연대의 마음을 표현하거나, 해당 문제와 관련된 정부 및 기관에 변화를 요구해. 이렇게 모인 편지는 부당하게 투옥된 이들을 석방하고, 인권 옹호자를 보호하고, 고문을 중단하고, 사형 선고를 파기하며, 인권 침해를 끝내는 데 실제로 큰 역할을 해 오고 있어.

앰네스티 편지쓰기 포스터

편지가 더 많이 모일수록 우리의 영향력이 커지고, 정부, 국가 지도자, 의사 결정권자들에게 더 많은 압박을 가할 수 있어. 올해도 어김없이 편지쓰기 캠페인을 진행하고 있고, 누구나 국제앰네스티 홈페이지에서 온라인 탄원에 참여하거나 오프라인 편지를 직접 써서 보낼 수 있어.

역할이 점점 더 커지고 있는 국제앰네스티

국제앰네스티는 설립 초기부터 지금까지 세계 인권 선언의 내용을 바탕으로 인권 문제를 조사하여, 차별받거나 억압받는 사람의 인권을 보호하는 활동과 캠페인을 하고 있어. 국제앰네스티는 정치·경제적으로 독립적인 활동을 하기 위해 정부 기관의 지원은 전혀 받지 않고 회원들의 후원금과 기부금으로만 운영하고 있지.

현재 전 세계 160여 개국에서 1천만 명에 이르는 국제앰네스티 회원이 모든 사람의 인권을 지키기 위해 활동하고 있어. 그런 공로를 인정받아 1977년에 노벨 평화상을, 1978년에 유엔 인권상을 받았어.

우리나라에는 1972년에 국제앰네스티 한국 지부가 설립되어 양심수 석방, 사형제 폐지, 이주 노동자 인권 보호 등을 위해 열심히 활동하고 있어.

세계 인권 선언

제2차 세계 대전이 끝난 뒤, 유엔은 전 세계 사람들의 인권을 보호하기 위해 '유엔 인권 위원회'를 만들었어. 초대 위원장으로 미국에서 네 번이나 대통령을 지낸 프랭클린 루스벨트의 부인인 엘리너 루스벨트를 임명했어.

유엔 인권 위원회는 세계가 공감할 수 있는 최선의 내용을 담아서 1948년 6월에 〈인권 선언문〉을 완성했어. 그리고 그해 12월 10일, 파리에서 열린 유엔 총회에서 당시 58개 가입국 가운데 50개 국가가 찬성하여 '세계 인권 선언'이 공식으로 채택되었어.

모든 인간은 태어날 때부터 존엄하며 평등한 권리가 있다는 것이 '세계 인권 선언'의 핵심 내용이야. 이 선언은 모든 인간과 모든 장소에 똑같이 적용된다는 사실을 세계 최초로 인정한 것이라는 의미가 있어. 이 선언은 세계 250여 개 언어로 번역되어 알려졌고, 수많은 국제 조약이나 국제 선언의 기준이 되고 있으며, 세계 각국의 헌법과 법률에 반영되어 있어.

유엔은 '세계 인권 선언'의 중요성을 알리기 위해 '인권의 날'을 제정해 기념하고 있어. 인권의 날은 '세계 인권 선언'이 채택된 날을 기념하는 뜻에서 12월 10일로 정했어. 그래서 '세계 인권 선언일'이라고도 하지. '세계 인권 선언'은 지금까지 유엔 총회에서 결의한 수많은 내용 중 가장 유명한 선언이라고 해.

고문 금지 조약

　고문 금지 조약은 글자 그대로 고문을 막기 위해서 채택한 협약이야. 이 조약의 정식 명칭은 '고문과 그 밖의 잔혹하고 비인도적인 행위 또는 굴욕적인 대우나 처벌의 방지에 관한 조약'이야. 고문이란 '숨기고 있는 사실을 알아내기 위해 공무원 또는 그에 준하는 자가 어떤 특정인에게 육체적·정신적 고통을 주며 신문하는 것'을 말하는데, 이것은 몹시 비인간적인 행위라고 할 수 있지.

　유엔은 1973년에 고문 금지를 논의하기 시작해 2년 뒤인 1975년에 고문을 금지하자는 '고문 금지 선언'을 채택했어. 그 무렵 중남미의 군사 독재 정

1948년 12월 7일, 프랑스 파리, 엘레노어 루스벨트 인권위원장과 찰스 말릭 총회 제3위원회 위원장(오른쪽 두 번째)이 인권선언이 끝난 후 기자회견을 가졌다. ©UN PHOTO

권이 갖은 고문을 자행하여 국제적으로 비난받고 있었기 때문이야. 또 세계 최대의 인권 단체인 국제앰네스티가 1972년에 세계적인 규모의 고문 금지 캠페인을 펼친 것도 자극이 되었어.

그런데 고문 금지 선언은 법적 구속력이 없었기 때문에 사람들은 고문 금지에 대한 확실한 약속과 처벌까지 따르는 조약이 필요하다고 생각했어. 유엔은 7년이라는 긴 시간을 들여 협약의 초안을 작성하고, 1984년 12월 유엔 총회에서 '고문 금지 조약'을 채택했어.

이 조약에 가입한 나라는 고문 행위와 고문에 가담한 행위를 범죄로 규정하고, 법적으로 모든 조치를 해야 한다는 것이 핵심 내용이야. 또한 공무원이나 법 집행 요원에게 고문 금지와 관련한 교육을 하고, 고문 피해자들에게 적절한 보상을 해 주어야 하며, 고문한 자는 어떤 나라에서도 처벌할 수 있다는 내용도 포함되어 있어. 고문 금지 조약이 체결된 후 세계 여러 나라는 고문을 범죄로 규정하고, 고문을 없애려고 노력하게 되었어.

국경을 초월한 인류애,
국경없는의사회

MEDECINS SANS FRONTIERES

❶ 설립 연도 : 1971년
❷ 국제 사무소 : 스위스 제네바
❸ 주요 활동 : 긴급 의료 활동, 긴급 구호 활동
❸ 특징 : 세계 최대의 민간 의료 구호 단체

전쟁 속에서 탄생한 국경없는의사회

1967년, 나이지리아 남부 지역의 비아프라는 분리 독립을 선언했어. 그러나 나이지리아 정부는 비아프라의 독립을 인정하지 않고 곧장 비아프라 지역을 완전히 봉쇄하며 공격했지. 그 때문에 많은 사람이 다치거나 목숨을 잃었어.

이런 사실을 알게 된 프랑스 적십자사는 비아프라 주민들을 위해 자원봉사자를 모집했어. 몇 년 동안 국제적십자위원회에서 의료 봉사 활동을 했던 의사 막스 레카미에와 자원봉사 신청을 한 의사 베르나르 쿠슈네르는 지원자 몇 명과 함께 현장에 투입되었지.

이들은 유혈이 낭자한 전쟁터에서 부상자를 수술하면서 많은 사람이 굶어 죽어 가는 광경을 목격했어. 막스 레카미에와 베르나르 쿠슈네르는 이런 끔찍한 상황을 바로 세상에 알렸어.

1971년, 비아프라 지역의 참상을 알게 된 프랑스의 의학 전문 잡지 소속 언론인들은 전쟁이나 재난으로 고통받는 사람을 위한 의료 단체

나이지리아 내전(비아프라 내전)으로 사망한 사람만 200만 명에 이르렀다. 이 전쟁의 사망자들을 추모하고 전쟁을 끝낼 것을 촉구하는 시위 모습

를 설립하자고 호소했어. 이렇게 해서 1971년 12월 '국경없는의사회
(Médecins Sans Frontières, MSF)'가 공식적으로 설립되었어. 13명의 의사
와 언론인, 그 밖에 지원자 300여 명이 설립에 참여했지.

　국경없는의사회는 성별, 인종, 종교, 정치 성향을 떠나 누구든 의
료 서비스를 받을 권리가 있다는 신념, 사람에게 필요한 의료 지원이
국경보다 더 중요하다는 신념을 바탕으로 하는 단체라고 할 수 있어.

국경없는의사회가 베네수엘라에서 말라리아 예방을 위해 모기장을 배포할 준비를 하고 있다.
©MATIAS DELACROIX

신념을 지키기 위한 활동 원칙

국경없는의사회는 그들의 신념을 지키기 위해 몇 가지 활동 원칙을 정해 두었어. 가장 큰 원칙은 공정성과 중립성이야. 국경없는의사회는 인종, 종교, 성별, 정치 성향과 상관없이 오직 의료적 필요에 따라서만 활동한다는 뜻이야. 가장 심각하고 긴박한 위험에 빠진 사람을 최우선으로 돕고, 정치·경제·종교 등의 이해관계를 바탕으로 결정

국경없는의사회의 주요 활동

연도	활동 내용
1975년	캄보디아 크메르루주 정권 희생자를 위한 최초의 대규모 의료 프로그램 개시
1984년	에티오피아 기아 난민 대상 대규모 영양 프로그램 실시
1991년	소말리아 내전으로 인한 난민 외과 치료 및 기아 대응
1994년	르완다 대학살 당시 의료 지원 전개
2004년	동남아시아 쓰나미에 대응한 긴급 구호
2010년	아이티 대지진 이후 단체 설립 이래 가장 큰 규모의 대응 활동 실시
2014년	서아프리카 에볼라 대응을 위한 긴급 의료 지원
2015년	지중해 난민 및 이주민 수색·구조 활동 시작
2020년	코로나19 대유행에 대응해 치료 활동, 취약계층 및 고위험군 지원
2022년	우크라이나 전쟁에 대응해 의료물자 공급 및 피난민 지원 등 구호 활동
2023년	튀르키예-시리아 지진 대응, 팔레스타인 가자 지구 및 서안 지구 의료 지원

을 내리지 않는다는 거지. 또한 특정 집단을 지지하지 않으며, 각국 정부나 분쟁 당사자들의 요구에 따른 지원 활동도 하지 않는다는 원칙을 세웠어.

두 번째 원칙은 독립성이야. 국경없는의사회는 현지 주민들의 필요를 자율적으로 파악한 뒤에 지원할지 말지를 결정해. 그리고 재원의 극히 일부만을 정부나 정부 간 기구에서 받고, 대부분의 활동 비용은 민간 기부금으로 마련하고 있어.

세 번째 원칙은 의료 윤리야. 국경없는의사회는 의료 윤리 규범을 지키고, 무엇보다 의료 활동 중 개인이나 집단에 해가 되는 일은 하지 않으며, 환자의 비밀을 지키고, 환자의 문화와 종교를 존중하는 마음으로 활동하고 있어.

세계적인 조직으로 거듭난 국경없는의사회

세계 최대의 민간 의료 구호 단체로 성장한 국경없는의사회는 스위스 제네바에 국제 사무소를 두고, 여섯 군데의 운영 센터(벨기에 브뤼셀, 프랑스 파리, 네덜란드 암스테르담, 스페인 바르셀로나, 서·중앙아프리카)와 전 세계 32개 지역에 사무소를 설립하여 70여 개국에서 직원 5만여 명과 함께 의료 활동을 펼치고 있어.

32개 지역 사무소는 6곳의 운영 센터에 포함되어 활동하고 있어. 운영 센터는 언제, 어디서, 어떤 의료 지원이 필요한지 결정하는 등 독자적으로 활동할 수 있으며, 국경없는의사회의 모든 단위 조직과 다양한 방식으로 연계하며 긴밀히 협력하고 있어.

국경없는의사회는 지금까지 1억 명이 넘는 환자를 치료한 공로를 인정받아 1996년에는 서울평화상을, 1999년에는 노벨 평화상을 받았어. 우리나라에는 2012년에 국경없는의사회 한국 사무소가 공식적으로 문을 열었어.

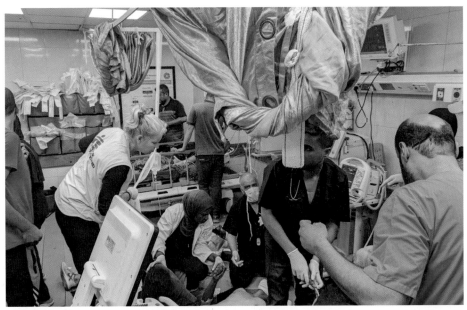

2024년 6월, 이스라엘의 무차별 공격으로 수많은 희생자가 나온 가자 지구에서 국경없는의사회 의료진이 환자들을 치료하고 있다. ©Karin Huster/MSF

비아프라 전쟁(나이지리아 내전)

1967년 7월 6일에 시작해 1970년 1월 15일에 끝난 비아프라 전쟁은 나이지리아 정부군과 비아프라 공화국 사이에 벌어진 참혹한 전쟁이야. 장장 30개월이나 이어진 이 전쟁으로 약 200만 명이 넘는 비아프라 주민이 목숨을 잃었어.

나이지리아는 1960년에 영국의 식민 지배에서 독립하여 1963년 연방 공

비아프라 전쟁 때 식량을 배급받는 주민들

화국을 세웠어. 이때 인구의 다수를 차지하는 북부 주가 의회를 장악하자 동부 주와 서부 주의 주민은 불만을 품었지. 이때부터 북부 주와 동부 주 사람들은 갈등하며 서로 죽고 죽이는 싸움을 시작했어.

그런 와중에 1967년 5월 30일 동부 주 사람들이 비아프라 공화국을 세웠어. 그러자 나이지리아 정부는 동부 주의 독립에 단호하게 반대하여, 1967년 7월 6일 비아프라에 경제 봉쇄와 전쟁을 선포했어.

전쟁이 일어나자 강대국은 자기 나라의 이권을 얻으려고 이 전쟁에 참여했어. 프랑스는 비아프라 공화국 편에 서서 전쟁 물자를 공급하고, 영국·소련·미국은 나이지리아 정부 편에 서서 전쟁 물자를 공급해 엄청난 이익을 챙겼어.

전쟁은 1969년 12월과 1970년 1월에 벌어진 전투에서 비아프라 공화국이 결정적으로 패하면서 막을 내렸어. 전쟁이 끝난 뒤의 상황은 참혹하기 그지없었어. 전쟁에서 사망한 군인 수는 10만 명 정도로 추산되는데, 전쟁 기간에 굶어서 죽은 사람은 이보다 더 많은 200만 명 이상이라고 해. 전쟁이 끝난 뒤에도 50만 명이 넘는 사람들이 굶주림으로 목숨을 잃었어. 그래서 국경없는의사회를 비롯한 여러 구호 단체가 비아프라 주민을 구호하기 위해 파견되어 활동했지.

지뢰가 없는 세상을 꿈꾸는 글로벌 네트워크,
국제지뢰금지운동

❶ 설립 연도 : 1992년

❷ 본부 : 스위스 제네바

❸ 주요 활동 : 대인 지뢰 생산·사용 금지 운동, 지뢰 제거 활동,
지뢰 피해자 지원

❸ 특징 : 전 세계 1천여 개 이상의 비정부 기구 연합체

인간이 만든 가장 비열한 무기, 지뢰

지뢰는 땅속에 묻어 두고, 사람이나 차량 따위가 그 위를 지나가면 폭발하게 만든 폭약이야. 지뢰 중 대표적인 것이 대인 지뢰야. 대인 지뢰는 사람의 무게가 가해지면 터지게끔 설계된 폭발물이지.

지뢰는 보통 전쟁 중에 적군의 침입을 막기 위해서 설치해. 그런데 전쟁이 끝난 뒤에 제대로 제거하지 않아서 해마다 많은 사람이 피해를 입고 있어. 특히 전쟁이 일어난 지역의 어린이들은 아무 데서나 뛰

어놀다가 피해를 입는 경우가 많아. 어떤 사람은 지뢰를 가리켜 '인간이 만든 가장 비열한 무기'라고도 하지. 그래서 세계는 지뢰의 위험에서 사람들을 보호하기 위해 지뢰 제거 활동을 시작했어.

조디 윌리엄스와 국제지뢰금지운동

　국제지뢰금지운동(International Campaign to Ban Landmines, ICBL)은 대인 지뢰의 사용, 생산, 거래, 비축 등을 금지하기 위해 여러 비정부 기구가 함께 만든 단체야. 지뢰 제거 활동을 시작한 대표적인 단체라고 할 수 있지. 이 단체가 설립되어 활동하기까지는 조디 윌리엄스의 역할이 아주 컸어.

조디 윌리엄스는 1950년 10월 미국 버몬트주에서 태어났어. 1972년에 버몬트대학교에서 문학 학사 학위를 받고, 1974년에는 버몬트대학교에서 스페인어 문학 석사 학위를, 1984년에는 존스홉킨스대학교에서 국제학 석사 학위를 받았어.

국제학 석사 학위를 받은 뒤, 조디 윌리엄스는 중남미의 니카라과·온두라스 등에서 10여 년간 교육 프로젝트 책임자로, 로스앤젤레스에 있는 민간 구호 단체인 엘살바도르 의료 지원단 부책임자로 활동하면서 미국의 중남미 지역 정책에 직간접으로 참여했어.

국제지뢰금지운동을 출범시킨 조디 윌리엄스
©Greg Gorman

1991년, 조디 윌리엄스는 의미 있는 신문 기사 하나를 보았어. 미국의 '베트남 퇴역 군인 아메리카 재단'과 독일 프랑크푸르트에 본부를 둔 '메디코 인터내셔널'이라는 단체가 대인 지뢰를 제거하기 위해 힘을 모으기로 했다는 기사였어. 그는 이듬해인 1992년 10월에 베트남 퇴역 군인 아메리카 재단, 메디코 인터내셔널 등 여러 비정부 기구와 함께 '국제지뢰금지운동'을 출범시켰어. 그 뒤로 이 단체의 업무 조정 책임자로 일하면서 대인 지뢰 금지와 지뢰 제거 활동에 놀라운 성과를 거두었어.

조디 윌리엄스가 업무 조정 책임자로 일한 6년 동안 대인 지뢰는 대부분 사용이 금지되었어. 더 놀라운 것은 1997년 12월, 대인 지뢰의 사용을 금지하는 '오타와 협약'을 이끌어 내는 데 결정적인 역할을 했다는 점이야. 그는 이런 공로를 인정받아 1997년 자신이 몸담았던 국제지뢰금지운동과 함께 노벨 평화상을 받았어.

오타와 협약을 이끌어 낸 국제지뢰금지운동

1995년 10월, 국제지뢰금지운동은 오스트리아의 국회 의사당 앞에서 지뢰 희생자들을 추모하며 낡은 구두와 의족들을 쌓아 놓고, 지뢰 금지 운동에 동참한 전 세계 600만 명의 서명을 전달하는 행사를 열었어. 이 행사 덕분에 많은 사람이 대인 지뢰의 심각성을 깨달았고, 드디어 오타와 협약을 이끌어 낼 수 있었어.

오타와 협약은 국제지뢰금지운동의 활동 중에서 가장 대표적인 것이야. 만약 오타와 협약이 없었다면 이 단체의 지뢰 금지 활동이 지금

처럼 큰 성과를 거두지 못했을 거야. 비용이 많이 필요할 뿐만 아니라 각국 정부의 허락을 받지 못한 상태에서는 지뢰 제거 활동을 하는 데 한계가 있기 때문이지. 이 협약이 체결되고 나서 약 15년 동안 2억 개로 추산되는 지뢰 중 5천만 개가 제거되었고, 협약 당시 1년에 2만 6천 명이나 되던 피해자가 4천 명으로 줄었어.

하지만 지뢰의 피해는 아직도 세계 곳곳에서 이어지고 있어. 전 세계 61개 국가와 지역이 지뢰로 오염되어 있으며, 수천 명의 사람이 생명이나 사지를 잃는 일상적인 위협 속에 살아가고 있어. 지금은 많은 나라가 지뢰 생산과 사용을 금지하기 때문에 지뢰 피해가 많지는 않은 편이야. 그러나 지뢰가 완전히 제거되지 않으면 언제든 피해가 발생할 수 있어. 비인간적인 지뢰 사용은 어떤 경우에도 용납될 수 없어. 따라서 국제지뢰금지운동과 함께 전 세계가 목소리를 높여야 해.

국제지뢰금지운동이 다양한 활동을 하지만 아직 해결되지 않은 문제가 하나 있어. 바로 지뢰 피해자들을 지원하는 문제야. 지뢰 제거 활동에 치중하느라 지뢰 피해자들에 대한 지원은 소홀할 수밖에 없었기 때문이지. 지뢰 피해자들을 위한 지원에는 수술, 인공 팔다리 보조물 공급, 신체적·정신적 사회 복귀 프로그램 운영 등이 있어. 국제지뢰금지운동은 지뢰 피해자들을 지원하기 위해 적극적인 홍보 활동도 펼치고 있어.

국제지뢰금지운동과 집속탄금지연합

현재 국제지뢰금지운동에는 100여 개국에서 1천여 개가 넘는 단체가 가입하여 시위와 인터넷 홍보 등으로 지뢰의 심각성을 알리고, 지뢰 제거 작업을 지원하고 있어. 특히 이 단체에서 발행하는 〈지뢰 감시 보고서〉는 45개국이 넘는 나라 연구원들의 네트워크를 통해 만들어지며, 오타와 협약을 제대로 지키는지 감시하는 중요한 도구가 되고 있어.

유엔 또한 2005년 12월 총회에서 매년 4월 4일을 '지뢰 인식과 지뢰 제거 활동 국제 지원의 날'로 정하고 다 같이 지뢰 제거에 앞장서 줄 것을 요청했어. 유엔은 이날을 기념하면서, 지뢰 때문에 피해를 입는 사람이 더는 생기지 않도록 모든 나라, 비정부 기구, 민간단체와 협력해 꾸준히 지원 활동을 펼치고 있어.

국제지뢰금지운동은 2011년에 '집속탄금지연합(Cluster Munition Coalition, CMC)'과 합병하여 집속탄 사용을 금지하는 운동도 함께 펼치고 있어. 집속탄은 한 폭탄 속에 작은 알갱이 폭탄이 많이 들어 있어서, 폭탄이 터지면 작은 알갱이가 사방으로 날아가 또 터지는 폭탄이야. 주로 로켓포나 항공기 등을 이용해 공중에서 투하하는 폭탄이지. 집속탄은 살상 범위가 매우 넓어서 인명 피해가 큰 무기이기 때문에 전 세계가 이 무기의 사용을 금지하고 있어.

러시아가 우크라이나에 사용한 집속탄 불발탄(사진:연합뉴스)

집속탄의 사용을 막기 위해 2003년에 설립된 집속탄금지연합은 2008년에 '집속탄 사용 금지 조약(Convention on Cluster Munitions, CCM)'을 체결하는 데 중요한 역할을 했어. 집속탄 사용 금지 조약은 집속탄을 비인도적 살상 무기로 규정하고, 집속탄의 생산·이전·사용·비축 등을 금지하는 조약이야.

국제지뢰금지운동과 집속탄금지연합은 지뢰와 집속탄의 피해를 입은 사람들을 보호하고자 정부의 정책과 관행을 바꾸고, 대중의 인식을 높이기 위해 애쓰고 있어.

오타와 협약

오타와 협약은 '대인 지뢰 금지 협약'이라고도 해. 이 협약 덕분에 지구상에 있는 수많은 지뢰가 제거되고 지뢰 피해자도 줄일 수 있었어.

국제지뢰금지운동의 활동에 자극받은 각국 정부는 1997년 9월 노르웨이 오슬로에서 대인 지뢰를 금지하는 협약의 초안을 작성했어. 그리고 그해 12월 캐나다 오타와에 121개국이 모여 이 협약을 체결했지. 협약의 정식 명칭은 '대인 지뢰의 사용·비축·생산·이전 금지 및 폐기에 관한 협약'이야.

오타와 협약에 가입한 국가는 대인 지뢰를 사용·개발·비축·생산·이전할 수 없어. 뿐만 아니라 비축해 두었던 대인 지뢰를 협약이 발효된 후 4년 이내에 모두 폐기해야 하고, 매설해 두었던 대인 지뢰는 10년 이내에 모두 폐기해야 돼. 또한 협약에는 지뢰에 희생당한 사람과 피해 지역에 구호와 재건을 지원한다는 내용도 포함되었어.

오타와 협약은 체결 이후 많은 성과를 거두었어. 그러나 일부 국가는 자기 나라의 안전이 걱정된다는 이유를 내세워 가입하지 않고 있어. 대표적인 나라가 미국, 러시아. 중국, 인도, 파키스탄, 북한 등이야.

우리나라도 현재는 이 협약에 가입하지 않았어. 비무장 지대에 지뢰가 많이 묻혀 있기 때문이야. 북한과 대립하고 있는 상황에서 지뢰를 폐기하면 국가 안전에 위협이 될 수 있다고 판단해 오타와 협약에 가입하지 않았지.

여성의 권익을 위한 공익 재단,
세계여성기금

GLOBAL FUND FOR
WOM =N

❶ 설립 연도 : 1987년
❷ 본부 : 미국 샌프란시스코
❸ 주요 활동 : 여성 인권 옹호, 성평등과 사회 정의 실현
❸ 특징 : 전 세계 여성 권익 단체만을 지원하는 공익 재단

여성 네 명이 만든 단체

1987년, 미국 캘리포니아주 팰로앨토에서 앤 퍼스 머리, 프랜시스 키슬링, 로라 레더러, 니타 배로, 네 여성이 단체를 만들었어. 그 단체 이름은 '세계여성기금(Global Fund for Women, GFW)'이야.

이 여성들은 '여성의 인권이 보장될 때 사회적 변화를 이룰 수 있으며, 나아가 세계의 평화를 이루고 모든 사람에게 공공의 이익을 줄 수 있다.'고 생각했어. 그런데 여성의 인권을 신장하기 위해서 사용되는

기금이 몹시 부족하다는 사실을 알았어. 그래서 이들은 기금을 마련해야겠다는 생각에 세계여성기금을 설립했지.

세계여성기금은 전 세계 여성 권익 단체만 지원하는 공익 재단이야. 이 재단의 가장 큰 목적은 빈곤, 폭력, 차별에서 자유로워지고자 활동하는 여성 단체를 지원하여 여성의 인권 증진에 기여하는 거야. 아울러 여성의 권리와 경험을 올바르게 평가하고 사회적 평등을 실현함으로써 정의로운 사회를 만들려는 목적도 있어.

창립 회원 가운데 앤 퍼스 머리는 1987년부터 1996년까지 이 단체의 회장을 맡으면서 세계여성기금이 자리 잡는 데 큰 역할을 했어. 1988년에 이 단체가 지원한 기금은 3만 달러였는데, 그가 물러날 때는 120만 달러로 늘었어. 이 단체의 기금은 점점 더 늘어나 2010년에는 2,100만 달러가 되었고 2011년에는 1억 달러를 넘었어.

여성만을 위한 기금을 마련하는 이유

세계여성기금이 여성만을 위한 기금을 마련하는 이유는 무엇일까? 그 이유는 여성에 대한 투자가 전쟁, 빈곤, 질병을 비롯한 긴급한 문제에 가장 효과적인 해결사 역할을 한다고 생각했기 때문이야.

여성은 소규모 사업을 해서 돈을 벌면 대부분을 가족의 복지에 사

용해 사회를 변화시킨다고 해. 여성 교육의 증가가 아동의 영양실조를 줄이는 데 가장 크게 기여하고 있다는 유엔 인구 기금의 연구 결과에서도 그런 사실을 확인할 수 있지. 또 개발 도상국의 경제는 중등학교를 졸업한 여성의 수가 10퍼센트 늘어날 때마다 3퍼센트씩 성장한다는 유엔의 조사 결과도 있었어.

이런 여러 이유 때문에 세계여성기금은 여성만을 위한 기금을 마련하고 있는 거야.

전 세계 여성들과 함께하는 세계여성기금

세계여성기금은 기금의 75퍼센트를 전 세계 여성 단체에 대한 지원금과 각종 프로그램 운영비로 사용하고 있어. 나머지 기금 25퍼센트 가운데 9퍼센트는 단체의 행정 비용으로 쓰고, 나머지 16퍼센트는 기금 모금 활동비로 사용해. 모금 활동에 투자하는 것은 더 많은 기금을 모으기 위한 하나의 방법이지.

지금까지 세계여성기금은 여성을 대상으로 하는 성폭력과 인신매매를 막기 위해 일하는 여성 단체, 식량 지원 여성 단체, 난민촌 생활 개선과 보건 의료 지원 여성 단체에 기금을 지원하여 많은 성과를 거두었어.

세계여성기금 활동가들은 팔레스타인에 널리 퍼져 있는 여성 폭력, 성폭력, 젠더 기반 폭력,
여성 살해를 없애기 위해 싸우고 있다.

우리나라에서는 한국 여성 노동자 협의회, 미리암 이주 여성 센터,
서울 여성 노동조합, 이주 여성 인권 연대 등이 세계여성기금에 기금
을 신청하여 사업을 수행했어.

세계여성기금은 창립 후 지금까지 1억 8천만 달러가 넘는 기금을
마련해 전 세계 176개국의 5천 개가 넘는 단체를 지원했어. 지금도
세계여성기금은 수백 곳의 여성 인권 단체와 협력하여 여성 인권을
신장하고 사회 정의를 실현하고자 애쓰고 있어.

여성을 위한 기념일

❶ 국제 여성의 날(3월 8일)

국제 여성의 날은 여성에 대한 차별을 금지하고 여성의 지위를 향상하기 위해 1975년에 유엔이 정한 기념일이야.

1908년 3월 8일, 미국 뉴욕에서 여성 노동자 1만 5천여 명이 시위를 벌였어. 노동 환경이 열악한 작업장에서 일하다가 화재로 숨진 여성 노동자를 추모하고, 작업 환경 개선은 물론 여성의 참정권을 요구하는 시위였지. 이 시위를 계기로 많은 사람이 여성의 권리를 신장하기 위해 노력하게 됐어. 그결과 많은 부문에서 여성 차별이 줄어들고, 여성이 더욱 다양한 분야에 참여할 수 있었어.

그러자 유엔은 3월 8일을 국제 여성의 날로 정했어. 1908년 3월 8일 미국의 여성 노동자들이 시위를 벌인 날을 기념하기 위해서야.

❷ 국제 농촌 여성의 날(10월 15일)

국제 농촌 여성의 날은 농촌 여성이 농업 발전에 기여한 공로에 감사하고, 농촌 여성의 권리를 보호함으로써 그들의 지위를 향상하려는 목적에서 2007년에 유엔이 정한 기념일이야.

농업 생산에서 매우 중요한 역할을 하는 여성을 기리자는 제안은 1995년 중국 베이징에서 열린 제4차 세계 여성 대회에서 나왔어. 1996년부터 여성 농업인의 날을 제정하려는 노력이 본격적으로 시작되어, 1997년 유엔 식

량농업 기구는 10월 15일을 '세계 여성 농업인의 날'로 정했어. 식량을 생산하는 데 큰 역할을 하는 여성 농업인의 역할을 강조하기 위해 '세계 식량의 날'(10월 16일) 전날인 10월 15일을 기념일로 정한 거야. 유엔도 2007년 총회에서 10월 15일을 '국제 농촌 여성의 날'로 정했어. '세계 여성 농업인의 날'을 유엔 차원에서 범위를 넓혀 '국제 농촌 여성의 날'로 지정했지.

제5장

우리나라에서

출발한

엔지오

모든 어린이들의 풍성한 삶을 위해 일하는,
월드비전

World Vision

❶ 설립 연도 : 1950년
❷ 본부 : 영국 런던
❸ 주요 활동 : 지역 개발 사업, 긴급 구호 사업, 아동 옹호 사업
❸ 특징 : 한국 전쟁에서 시작해 세계 100여 개국과 함께하는 세계 최
　　　대 구호 개발 옹호 NGO

밥 피어스, 한경직 목사가 설립한 월드비전

　월드비전은 한국 전쟁 당시 미국 선교사이자 종군 기자였던 밥 피어스 목사와 한경직 목사가 함께 세운 구호 단체야. 피어스 목사는 1947년에 중국으로 선교 여행을 떠났다가 그곳에서 버려진 아이를 목격했어. 그는 아이에게 5달러를 주면서 매달 5달러를 보내 주겠다고 약속했어. 이 일로 피어스 목사는 고아들에게 관심을 쏟게 되었지.

　1950년에 한국 전쟁이 일어나자 종군 기자로 한국에 온 피어스 목

월드비전은 2023년 튀르키예-시리아 대지진으로 큰 고통을 겪고 있는 아동들을 위해 심리·정서적 회복을 돕는 교육 지원 사업을 진행하고 있다.(사진 : 월드비전)

사는 전쟁터에서 고아들을 돕는 한경직 목사를 만났어. 이 만남을 계기로 그는 고통받는 어린이를 돕기 위한 단체를 만들어야겠다고 결심했어. 그 단체가 바로 월드비전이야. 따라서 월드비전은 한국 전쟁 때 부모를 잃은 전쟁고아들을 도우려고 시작된 셈이지.

월드비전이 설립되고 3년이 지난 1953년에는 '한국선명회'라는 이름으로 한국 지부가 만들어졌어. 한국선명회는 1998년에 모든

┃**월드비전** 로고의 둥근 곡선은 지구를, 둥근 곡선 위의 수평선은 미래의 희망을 상징한다. 십자가 모양의 별에는 기독교인이라는 정체성이 담겼으며, 로고의 주황색은 수혜자에게 주는 희망을 나타낸다.

지부의 명칭을 월드비전으로 통일한다는 국제월드비전의 방침에 따라 '한국월드비전'이 되었어.

월드비전은 '국제월드비전(World Vision International)'을 중심으로 전 세계의 100여 개 회원국으로 구성되어 있어. 국제월드비전 본부는 영국 런던에, 국제 연락 사무소는 스위스 제네바에 있어. 그리고 동아프리카(케냐 나이로비), 서아프리카(세네갈 다카르), 남아프리카(남아프리카공화국 요하네스버그), 아시아·태평양(태국 방콕), 서남아시아(싱가포르), 중남미(코스타리카 산호세), 중동·동유럽(사이프러스) 등 전 세계 7개 지역에서 사무소를 운영하고 있어.

'유엔 경제 사회 이사회(UN ECOSOC)'는 국제월드비전에 엔지오 최상위 지위인 '포괄적 협의 지위'를 부여했어. 포괄적 협의 지위란 유엔이 엔지오에 부여하는 최상위 자격으로, 유엔 경제 사회 이사회와

국제월드비전의 3대 핵심 사업

사업	활동 내용
지역 개발 사업	어린이의 삶을 개선하기 위해 한 지역에서 주민들의 인식을 꾸준히 개선하고, 그들의 역량을 키워 주는 지원 사업
긴급 구호 사업	자연재해나 전쟁에 처한 어린이와 주민에게 안전한 피난처와 식량, 식수 등을 제공하는 사업
아동 옹호 사업	어린이에 대한 인권 침해를 막고, 그들을 억압하지 않으면서 존중해 주기 위한 사업

산하 11개 위원회의 모든 회의에 참석할 뿐만 아니라 총회에 상정되는 회의 의제 제안, 발언권 신청, 각종 자료 배포 등을 할 수 있는 자격을 말해.

오늘날 월드비전은 전 세계 2천만 명이 넘는 이재민에게 70여 개의 구호 사업을 제공하고 300만 명이 넘는 어린이와 1억 명이 넘는 지역 사회 주민을 위해 1,600개의 개발 사업을 지원함으로써 가장 소외된 어린이와 사람들에게 삶의 기회를 선물하고 있어.

한국월드비전의 활동

한국월드비전의 역사는 곧 월드비전의 역사이기도 해. 월드비전이 바로 우리나라에서 출발했기 때문이야. 한국월드비전은 주로 한국 전쟁 때 부모를 잃은 어린이를 위한 육아원과 영아원 시설 지원 사업을 벌였어.

초기에는 의식주 중심으로 지원하다가 점점 어린이 교육, 의료 분야에 대한 지원으로 확대했어. 1954년에 아동 병원을 세워 1980년까지 무료 의료 지원 사업을 했어. 1970년대에는 복지관을 설립하여 나환자와 영세민 들을 지원했고, 1980년대에는 낙후한 농어촌 지역 주민들이 경제적으로 자립하는 터전을 마련할 수 있게 도왔지.

월드비전 '글로벌 6K 포 워터 러닝' 캠페인. 아프리카 아이들이 물을 얻기 위해 걷는 평균 거리인 6km를 직접 달리며 식수 문제의 심각성을 알리는 글로벌 기부 캠페인이다.(사진 : 월드비전)

1991년은 한국월드비전에 매우 중요한 시기였어. 국제월드비전을 통한 해외 원조를 받지 않고 경제적으로 자립할 수 있었기 때문이야. 이때부터 한국월드비전은 모금을 토대로 국내뿐 아니라 해외 지원 사업을 하고, 북한을 지원하는 사업도 시작했어.

전 세계 월드비전 가운데 도움을 받던 국가에서 도움을 주는 국가로 전환한 사무소는 한국월드비전이 유일하다고 해. 2006년, 한국월드비전은 구호 사업의 전문성을 인정받아 '유엔 세계 식량 계획(UN WFP)'의 공식 협력 기관이 되었지.

현재 한국월드비전은 전 세계 43개국의 280여 개 지역에서 모든 어린이가 풍성한 삶을 누리도록 하기 위해 지역 개발 사업, 긴급 구호 사업, 아동 옹호 사업에 힘을 쏟고 있어.

아동 권리 지킴이,
굿네이버스

$\&$ **Good**
Neighbors

❶ 설립 연도 : 1991년
❷ 본부 : 대한민국 서울
❸ 주요 활동 : 아동 권리 보호, 해외와 국내 어려운 이웃을 돕는 다양한
　　　　　활동 진행, 긴급 구호와 인도적 지원
❸ 특징 : 글로벌 아동 권리 전문 NGO

더불어 사는 세상을 만드는 굿네이버스

　굿네이버스는 1991년에 우리나라에서 설립되어 글로벌 아동 권리 전문 단체로 성장한 엔지오야. 창립 회원 8명과 정회원 128명이 '한국이웃사랑회'라는 이름으로 출발했지. 이 단체는 설립 취지문에서 소외되고 가난한 이웃들에게 물질적인 도움을 주는 것을 넘어 전문성을 갖추고 꾸준히 활동해 나가겠다고 밝혔어.

　설립 이듬해부터 방글라데시 빈민 구호를 시작으로 1993년에는 소

말리아에서, 1994년에는 르완다에서 난민을 구호하며 국제 구호 개발 활동을 했어. 국내에서도 복지 사업을 활발히 펼쳤지. 특히 1996년에는 민간단체로는 처음으로 '아동학대상담센터'를 전국에 열어 학대받는 아동을 보호하는 전문적인 활동을 시작했어.

이런 노력 덕분에 1996년에 '유엔 경제 사회이사회'에서 NGO 최상위 지위인 '포괄적 협의 지위'를 부여받았어. 2002년에는 한국이웃사랑회를 지금 이름인 '굿네이버스'로 바꾸

굿네이버스 로고 앞의 밑줄(_)은 '당신과 함께하는', '나눔으로 당신을 초대합니다.'라는 의미이다. 단순하지만 역동적이고 부드러운 곡선 모양의 로고는 따뜻한 사랑을 함께 나눈다는 의미에서 '&', '♡'의 조합으로 디자인되었다. 올리브그린 색상은 생명을 나누고 성장을 돕는 희망과 평안의 의미를 담았으며, 친근하고 신뢰감 있는 굿네이버스를 표현하고 있다.

고, 2003년에는 해외 활동의 폭을 넓히기 위해 '굿네이버스 인터내셔널'을 외교부에 등록했어. 그 뒤에 중국 쓰촨성 대지진, 아이티 지진, 네팔 대지진 그리고 최근에는 튀르키예 – 시리아 지진 때 긴급 구호를 했어.

2007년에는 '보편적 초등 교육 달성'에 기여한 공로를 인정받아 유엔에서 주는 '새천년 개발 목표상(MDGs Award)'을 받았고, 2011년에는 '유엔세계식량계획'의 공식 협력 기관으로 선정되어 글로벌 엔지오로 자리 잡게 되었어.

굿네이버스의 모든 활동은 어린이와 깊은 관련이 있어. 굿네이버스는 어린이가 행복한 세상을 만들어 가는 엔지오답게 해외 51개국 277개 사업장, 국내 99개 사업장을 중심으로, 어린이의 권리를 보호하고 빈곤과 질병·학대로 고통받는 어린이를 위한 전문 복지 사업과 해외 구호 개발 사업을 하고 있어.

굿네이버스의 주요 사업

사업 부문	활동 내용
국내 복지 사업	아동의 권리 보호를 최우선으로 복지 사각지대에 놓인 아동들이 건강한 사회 구성원으로 성장할 수 있게끔 지원하는 복지 사업
국제 협력 개발	아동의 건강한 성장과 지역 주민의 온전한 자립을 위해 지역 개발 사업과 인도적 지원을 하는 사업
세계 시민 교육	아동과 청소년이 자신의 권리를 알고 지키며 나눔과 인성의 덕목을 갖춘 세계 시민으로 성장하게 지원하는 사업
대북 지원 사업	남북 화해와 협력의 밑거름을 만들기 위한 대북 지원 사업
아동권리연구소	아동이 행복한 사회를 만드는 데 기여하는 정책 연구, 아동의 건강한 발달과 보호를 위한 실천 연구 사업

모든 아이가 웃는 세상,
올마이키즈

❶ 설립 연도 : 2012년
❷ 본부 : 대한민국 부천
❸ 주요 활동 : 저개발 국가 교육 지원, 교육 환경 지원, 마을 교육 사업
❸ 특징 : 어린이 교육 전문 지원 단체

교육을 통한 어린이의 자립을 꿈꾸는 올마이키즈

지금 우리나라는 초등학교부터 고등학교까지 모두 의무 교육이기 때문에 교육을 받지 않고 자라는 어린이는 거의 없을 거야. 그런데 해외로 눈을 돌리면 제대로 된 교육을 받지 못하는 어린이들이 너무나 많아. 이처럼 교육받지 못하는 어린이들이 교육을 받고 스스로 일어설 수 있게 도움을 주는 작은 단체가 우리나라에 있어.

> **올마이키즈는**
> '모두 나의 아이들'이라는 뜻이다.

149

올마이키즈가 콩고 민주 공화국에 마련한 공부방과 어린이들

바로 '올마이키즈'라는 엔지오 단체야.

올마이키즈는 '모두 나의 아이들'이라는 뜻이야. 단체 이름만 봐도 어린이들을 소중히 여기는 마음이 느껴질 거야. 올마이키즈는 2012년에 설립되어 역사가 비교적 짧은 편이지만 인종과 종교, 정치 이념을 초월하여 전 세계 어린이를 후원하고 있어.

올마이키즈는 '모든 아이가 웃는 세상'이라는 비전 아래, 교육을 통한 어린이의 자립을 최상의 목표로 활동하고 있어. 올마이키즈는 교육을 대하는 시각이 확고해. 어떤 경우에도 교육은 이어져야 한다는 생각으로, 일회성 도움이 아닌 꾸준한 후원을 추구하는 단체야. 그래야 모든 어린이에게 꿈과 희망을 선물할 수 있다고 보기 때문이지.

현재 올마이키즈는 해외에 파견된 한국 가톨릭 수도회와 현지 엔지오 등의 단체를 통해 세계 25개국 어린이의 교육을 지원하고 있어.

올마이키즈의 주요 사업

미션	활동 내용
저개발 국가 아이들의 교육	가정 형편, 사회적 편견과 차별, 자연재해, 내전 등의 이유로 아동 교육을 중단하지 않게 지원
행복한 교육 환경 조성	아동 친화적 교육 환경 조성, 양질의 교육을 위해 교사 양성과 교육 프로그램 개발 및 운영 지원
마을 교육 지원	마을 도서관, 공부방 등 교육 시설 지원과 부모 교육으로 마을이 책임 있게 교육에 참여할 수 있도록 지원

참고 문헌

1. 데이비드 루이스 외, 《비정부기구의 이해》, 명인문화사, 2013.
2. 박동석, 《세계를 움직이는 국제기구》, 봄별, 2015.
3. 박동석, 《세계의 기념일》, 봄별, 2016.
4. 박동석, 《세계를 움직이는 약속 국제조약》, 책고래, 2018.
5. 박상필, 《NGO를 알면 세상이 보인다》, 한울, 2020.
6. 조효제 엮음, 《NGO의 시대》, 창비, 2000.
7. 주성수, 《NGO와 시민사회》, 한양대학교 출판부, 2004.
8. 이혜영, 《인권도 난민도 평화도 환경도 NGO가 달려가 해결해 줄게》, 사계절, 2014.

참고 사이트

1. www.icrc.org(국제적십자위원회)
2. kr.icrc.org(국제적십자위원회 한국 사무소)
3. media.ifrc.org(국제적십자사·적신월사 연맹)
4. www.redcross.or.kr(대한 적십자사)
5. www.oxfam.org(옥스팜)
6. www.oxfam.or.kr(옥스팜 한국 사무소)
7. www.savethechildren.net(세이브더칠드런)
8. www.sc.or.kr(세이브더칠드런 코리아)
9. www.habitat.org(해비타트)
10. www.habitat.or.kr(한국해비타트)
11. www.kiva.org(키바)
12. www.greenpeace.org(그린피스)
13. www.greenpeace.org/korea(그린피스 서울 사무소)
14. wwf.panda.org(세계자연기금)
15. www.wwfkorea.or.kr(세계자연기금 한국 본부)
16. www.amnesty.org(국제앰네스티)
17. amnesty.or.kr(국제앰네스티 한국 지부)
18. www.msf.org(국경없는의사회)
19. msf.or.kr(국경없는의사회 한국 사무소)
20. www.icbl.org(국제지뢰금지운동)
21. www.globalfundforwomen.org(세계여성기금)
22. www.wvi.org(월드비전)
23. www.worldvision.or.kr(한국 월드비전)
24. www.goodneighbors.kr(굿네이버스)
25. www.allmykids.or.kr(올마이키즈)

• 사진 자료에 대한 출처 및 사용 허락에 대해 각 기관별로 요청을 했으나 응답을 듣지 못한 곳이 있습니다.
  차후 연락이 닿을 경우 수정 보완하겠습니다.